#kropki

włodek markowicz

#kropki

flow books

Kraków 2016

Projekt okładki
Paweł Panczakiewicz/PANCZAKIEWICZ ART.DESIGN

Fotografia na pierwszej stronie okładki
Adrian Błachut, www.adrianblachut.com

Projekt logotypu WM na okładce
Iripen

Redakcja
Joanna Bernatowicz

Opieka redakcyjna
Oskar Błachut
Magdalena Suchy-Polańska

Adiustacja
Anna Niklewicz

Korekta
Ewa Cebo
Katarzyna Onderka

Projekt typograficzny i łamanie
Parastudio

ISBN 978-83-240-3629-5

Flow Books
ul. Kościuszki 37, 30-105 Kraków
E-mail: promocja@flowbooks.pl

Książki z dobrej strony: www.znak.com.pl
Dział sprzedaży: tel. 12 61 99 569, e-mail: czytelnicy@znak.com.pl

Wydanie I, Kraków 2016
Druk: READ ME

spis treści

Dla Taty

When the power of love
overcomes the love of power,
the world will know peace.

Jimi Hendrix

Książkę pisałem nocami. Oto lista utworów, które towarzyszyły mi podczas pisania:

Alt-J • *Warm Foothills*
Mark Isham • *Sense of Touch*
Bon Iver • *Michicant*
Pearl Jam • *Indifference*
Mogwai • *I Know You Are but What Am I?*
Clint Mansell • *Stay with Me*
Radiohead • *Everything in Its Right Place*
The Album Leaf • *The Light*
Coldplay • *Fix You*
Tool • *Lost Keys*
Nils Frahm • *Ode*
This Will Destroy You • *Mighty Rio Grande*
Mojave 3 • *Bluebird of Happiness*
Helios • *Bless This Morning Year*
Múm • *We Have a Map of the Piano*
Goldmund • *Threnody*
Sigur Rós • *Andvari*
Death Cab for Cutie • *Passenger Seat*
M83 • *Wait*
Trent Reznor • *Hand Covers Bruise*
Thomas Newman • *Brooks Was Here*
Korn • *4U*
Placebo • *My Sweet Prince*
Smashing Pumpkins • *Try, Try, Try*
Gustavo Santaolalla • *Can Light Be Found in the Darkness*
Danny Lohner • *The Scientist*
UNKLE feat. Thom Yorke • *Rabbit in Your Headlights*
Boom Bip • *The Matter (of Our Discussion)*
Bird York • *In the Deep*
Sufjan Stevens • *To Be Alone with You*
Włodek Markowicz • *piano.1*

Playlistę znajdziesz w serwisie YouTube pod linkiem: **bit.ly/wlodekmarkowicz**

WSTĘP.

NASTOLETNI BUNT

•

•

Nastoletni bunt. Nie doceniamy tego okresu w naszym życiu. Nie dość, że tak bardzo go nie doceniamy, to jeszcze staramy się zdusić w sobie wszystkie jego przejawy.

Pierwsze zderzenie z rzeczywistością. Po raz pierwszy mamy możliwość porównania tego, co nam się wydaje, z tym, co wydaje się innym – i zweryfikowania tych poglądów. Zaczyna docierać do nas, że ktoś może się mylić, ktoś ważny może nie mieć racji. Powstaje dysonans pomiędzy nami a resztą świata.

Mówi się, że nie ma dwóch takich samych osób, ale to nieprawda – jest pełno ludzi klonów, którzy nie rozwijają skrzydeł, nie buntują się, nie próbują i nie walczą o siebie. Pamiętam, że bardzo długo mnie to bolało. Myślałem o tych wszystkich pięknych rzeczach, które ci ludzie mogliby tworzyć, a tego nie robią. Nie tworzą, bo się boją. Zresztą, zapytaj sam siebie, czy masz kontakt ze swoim wewnętrznym dzieckiem. Czy potrafisz tańczyć, kiedy gra muzyka? Czy potrafisz krzyknąć na kogoś, kto cię zdenerwował? Czy potrafisz płakać, kiedy jest ci smutno? Nastoletniość to wspaniały okres. Niby jesteś jeszcze dzieckiem, ale powoli stajesz się dorosłym. Dorośli zrobią wszystko, żeby cię z tego stanu jak najszybciej wyciągnąć. Ty zrobisz wszystko, żeby się temu oprzeć. Wygrać może tylko jeden. Większość z nas wymięka, daje się wcisnąć w ramy „dorosłego” życia, ale są tacy, którzy walczą dalej. Walczą o swoje miejsce na ziemi, o swoją tożsamość, o swoje prawa, o to, by okazywano im szacunek.

Mój nastoletni bunt trwał jedenaście lat. Nie wiem, czy to długo, ale wiem już, że całe życie chcę być „nastolatkiem”. Nastolatkiem, który kwestionuje. Nastolatkiem, który zadaje pytania, jest ciekawy świata, nie usiedzi długo na miejscu i nigdy nie da się związać. Takie dorosłe dziecko. To chyba lepsze określenie.

1

GŁÓWNY BOHATER

W TLE:

Mark Isham • *Sense of Touch*

•

Wróciłem ze spotkania z moim wydawcą, Oskarem. Nie był zadowolony. Znowu zmieniłem koncepcję książki, tym razem o sto osiemdziesiąt stopni. Wciąż mam przed oczami jego przerażoną twarz. Monika ciągle powtarza, że za często zmieniam zdanie. Ma rację.

Mam teraz, na własne życzenie, wygrzebać z głowy wszystko, co do tej pory było tylko w głowie, wsadzić tam ręce po same łokcie, i przelać myśli na papier. Na klawiaturę. Napisałem „na papier", żeby brzmiało tak dumnie. Dwudziesty pierwszy wiek, hello! Chcę tylko spisać strumień moich myśli. Bardzo terapeutycznie. Dobrze.

Przejdźmy do konkretów. Książka będzie miała bardzo prostą, hollywoodzką konstrukcję: przedstaw głównego bohatera, przeprowadź go przez ckliwe historyjki i wyciągnij na powierzchnię. Katharsis na koniec i sukces gwarantowany. Proste. Przedstaw głównego bohatera. Już się robi!

Ekhmm. Zaraz! Jeszcze bardzo ważna rzecz. Jest coś, o co was proszę, bardzo proszę.

Proszę o postrzeganie mnie, mojej postaci, mojej osoby, mojego pisania, moich opowieści, moich przemyśleń i moich wniosków jedynie jako katalizatora i przekaźnika. Są one instrumentami, którymi się posługuję, a to, co chciałbym wam opowiedzieć, jest dla mnie formą muzyki. Muzyki, którą każdy odbiera i interpretuje na swój sposób. Coś, czego bym naprawdę nie chciał, to dyskusja o tym, jakie instrumenty zostały użyte w moich „piosenkach". Żyjemy w świecie, w którym zamiast zastanowić się, co autor miał na myśli i czy możemy odnieść to, co mówi, do siebie, robimy temu autorowi zdjęcia, wrzucamy je na Pudelka i dyskutujemy o jego ubiorze.

Dzień dobry.

Włodek Markowicz. Urodzony w Peremyszlanach. To na Ukrainie. W dowodzie mam wpisane miejsce urodzenia: Lwów. Kłamstwo! Mama stwierdziła, że to będzie fajniej wyglądało w przyszłości. (Właśnie zniszczyłem twój misterny plan, mamo! A tak na serio, faktycznie lepiej mieć w dowodzie Lwów niż Pierdyszlany. Dzięki!). Specjalnie podkreślam Peremyszlany, żeby pokazać, jak bardzo zwykłym człowiekiem jestem. Urodzonym w normalnej, kochającej rodzinie, bez patologii, ale i bez jakiegokolwiek uprzywilejowania historycznego czy finansowego. Mama nauczycielka. Tata nauczyciel. Jeden starszy brat, Jurek. Tata już odszedł z tego świata, ale wiem, że byłby niezmiernie dumny, gdybym wcisnął tu chociaż kawałeczek o nim. TATO! JESTEŚ W KSIĄŻCE!

•

peremyszlany

•

Peremyszlany zostały w mojej głowie jako miejsce pełne czystej radości. Coś jak nieskażony niczym teren, który musiałem opuścić i wyruszyć w świat. Wracaliśmy tam w każde wakacje, nawet po przeprowadzce do Polski. Kochałem te pięciokilometrowe wędrówki przez pola i lasy, żeby dojść do stawu, w którym można było łowić ryby. Czupernosów, taka wieś. (Wow, jest nawet w Wikipedii!) Kochałem, kiedy posyłano mnie do studni po wodę. Wiadro pełne wody było chyba największym ciężarem, jaki mogłem wtedy unieść. Uwielbiałem też wycieczki do sklepiku po słonecznik zawinięty w rożek ze starej gazety. Do dzisiaj tak się go sprzedaje. W Gruzji też się z tym spotkałem – może to specyfika krajów bloku postkomunistycznego? Kochałem pirackie filmy na kasetach VHS z ukraińskim lektorem. Nie wiem jak, ale te filmy były dostępne na bazarach wcześniej niż w kinach. (Piractwo to bardzo dziwna rzecz). Kochałem bawić się na balkonie, osłonięty kocykami, tak żeby nie było widać, co tam robię. Kochałem przeglądać czarno-białe zdjęcia rodziców i dziadków spakowane do wielkich worków i kartonów. Mieli tam więcej zdjęć niż ja dzisiaj na Instagramie, przysięgam.

Dużo mógłbym mówić o Peremyszlanach. Ale wystarczy, jak powiem, że Peremyszlany były super.

Kiedy miałem trzy lata, rodzice dostali ofertę pracy w Polsce. Przyjęli. Kto by nie przyjął. Przeprowadziliśmy się do małego miasteczka na Podkarpaciu. Ropczyce. Niezła dziura. Żartuję! Uwielbiam Ropczyce, serio. Wszystko byłoby spoko, gdyby nie to, że Ukraina to przecież prawie Rosja. (No przecież). A zdaje się, że Rosja nie miała w Polsce najlepszej reputacji w 1991 roku. Dalej nie ma. Ale wtedy nie miała bardziej! Tak przynajmniej mi się wydawało, bo nie mogłem zrozumieć, dlaczego wołali na mnie „Rusek!". Nie wiem, czy to bardziej kwestia tego, że ja byłem słaby psychicznie, czy to raczej oni byli tacy okrutni. Pewnie i jedno, i drugie. Nie miałem pojęcia, dlaczego ktoś miałby wyrażać niechęć do swojego rówieśnika tylko dlatego, że był z innego kraju. A no tak, jasne, przecież wlazłem na ich teren, który wcześniej zajęli i obsikali. To, że dzieci potrafią być dla siebie nieprzyjemne, nikogo specjalnie nie dziwi. Ale skoro do dzisiaj siedzi mi to w głowie, to jestem przekonany, że był to pierwszy raz, kiedy zorientowałem się, że świat, w którym przyszło mi żyć, nie zawsze jest przyjaźnie nastawiony. Thank you, Captain Obvious!

•

szkoła

•

Podstawówka. Muszę wam powiedzieć, że zupełnie inaczej patrzę teraz na pomysły zbiorowego uciekania z lekcji. Wiecie, o co mi chodzi – o chwilę, kiedy jeden z klasowych rozrabiaków wpada na genialny pomysł, żeby wszyscy uciekli dzisiaj ze szkoły. Jednogłośnie i natychmiast. Zawsze znajdzie się przynajmniej jedna osoba, która powie, że zostaje. Frajer.

Całe dzieciństwo myślałem o takich osobach w najgorszy możliwy sposób. Teraz jest zupełnie odwrotnie. Zastanawiające. Stali się moimi bohaterami! Są bohaterami, bo jako jedyni byli w stanie oprzeć się grupie i zatrzymać ten owczy pęd. Niby nic, ale wiem, jak ogromnej siły i jak wielkiego samozaparcia to wymaga. Postawili swoje przekonania wyżej niż akceptację grupy. Niesamowite! I bardzo rzadko spotykane. Dlatego właśnie było to zwykle maksymalnie kilka osób, nie więcej. Wśród nich byli też pewnie i tacy, którzy nie uciekali, bo bardziej niż reakcji kolegów bali się kary ze strony nauczycieli i swoich rodziców, ale nie wnikajmy w szczegóły. Szukam tylko argumentów na poparcie mojej tezy. Jak wszyscy.

Gimnazjum. Tak, chodziłem do gimnazjum. (Podobno mają zlikwidować gimnazja do 2017 roku. Nie będzie gimbazy!

Koniec świata). W gimnazjum zaczęła się już przejawiać moja skłonność do bycia niepopularnym. Nie piłem piwa za szkołą. Nie paliłem fajek. Nie tańczyłem na dyskotekach. Chyba że wolne tańce, żeby się poprzytulać do cycków. Tak, niektóre dziewczyny miały już wtedy cycki. W każdym razie w dalszym ciągu nie czułem się zbyt mile widziany na świecie. Nie wiedziałem, jak długo będzie trwał ten stan, jak długo ma zamiar się utrzymać. Byłem przekonany, że do końca życia. Całe szczęście, że z nauką nigdy nie miałem problemów. Nigdy nie musiałem specjalnie wkuwać, a mimo to zawsze miałem świadectwo z paskiem; przecież rodzice – nauczyciele. Nie mogło być inaczej. Pamiętam, kiedyś siedziałem na parapecie podczas przerwy. Podeszła pani od chemii i powiedziała: „Włodek, zejdź! Jaki ty przykład dajesz innym? Przecież jesteś synem nauczyciela". Musiałem zejść z parapetu, bo dawałem zły przykład innym. Tak, siedząc na parapecie! Nie można siedzieć na parapecie. Do dzisiaj nie wiem, dlaczego nie można siedzieć na parapecie. Trauma na całe życie. Wszystko bierze się z dzieciństwa.

Pewnego dnia pani higienistka zorganizowała „warsztaty", na których poruszyła bardzo ważny temat. Uwaga, wszyscy słuchają! Szło to mniej więcej tak: „Jak zapewne niektórzy zauważyli, z waszymi ciałami i z waszym zachowaniem mogło zacząć się dziać ostatnio coś nietypowego. Wielu z was być może kłóci się częściej z rodzicami. Chciałabym wam powiedzieć, że nie ma w tym nic złego. Po prostu dojrzewacie i przechodzicie tak zwaną fazę buntu nastoletniego. Nie martwcie się, to minie i wszystko wróci do normy!". Nie wiedziałem, o co jej chodzi. Jaki bunt? Jakie kłótnie? Nigdy nie kłóciłem się z rodzicami. Nie wiedziałem nawet, o co miałbym się z nimi kłócić. Że niby co? Że zupa za słona? Miałem jakieś dwanaście lat. Trochę za wcześnie na jakikolwiek bunt. Nie potrafiłem wtedy odnieść tej wypowiedzi do siebie – ale z gabinetu higienistki zapamiętałem za to coś innego! Pamiętam, jak kazali nam rozbierać się do majtek i pokazywać siusiaki do sprawdzenia! Żyłem w strachu, że z moim siusiakiem może być coś nie tak. Kolejna trauma.

Liceum. W końcu liceum. Kochałem liceum. Tak bardzo kochałem liceum, że nawet na studiach śniłem o tym, jakby to było, gdybym mógł tam wrócić. Poważnie. Budziłem się często w nocy i zastanawiałem się, czy można jakoś prawnie wrócić do liceum. Nie można. Chyba że jako nauczyciel, ale to nie to samo. Wniosek? Nic nie trwa wiecznie. Zapiszcie sobie ten cytat i powieście na ścianie taką mądrość. Nic nie trwa wiecznie. Bum. Włodek Coelho.

•

przyjaźń

•

Muszę wspomnieć o Tomaszu. Tomaszu Wencu. Wencu Tomaszu pokazał mi, co to znaczy przyjaźń. Dziękuję mu za to. Chodziliśmy w liceum do jednej klasy, a Tomasz imponował mi chyba wszystkim, czym można było w tym wieku zaimponować. Ubierał się, jak chciał, robił, co chciał, chodził na lekcje, kiedy chciał, miał świetną relację z ojcem, miał więcej hajsu niż inni i na dodatek przy tym wszystkim był naprawdę dobrym człowiekiem. Dalej jest. Taki pakiet zdarza się niezwykle rzadko. Oczywiście czerpałem z tego garściami. Wszystko, co mogłem. Podejście do świata, podejście do ludzi, zabawę życiem. Niesamowicie mnie to jarało. Mieszkaliśmy na dodatek zaraz obok siebie, więc mogliśmy razem chodzić do szkoły. Mogliśmy, ale wychodziło różnie.

Przychodzę do Tomasza o 7.40 – Tomasz jeszcze się zbiera. 7.50 – Tomasz dalej się zbiera. 8.00 – Tomasz je kanapkę. 8.20 – zaczynam się stresować, bo pierwszy polski już trwa... 8.30 – słyszę od Tomasza, żebym się nie denerwował, wszystko będzie w porządku. Wychodzimy na styk, żeby zdążyć na drugą lekcję. Schemat ten powtarzał się niemal codziennie. Niekiedy wyjście przeciągało się do trzeciej lekcji. Po pewnym czasie przestało mi to już przeszkadzać. Człowiek faktycznie ma duże możliwości adaptacyjne. Ktoś mógłby powiedzieć, że był to klasyczny przykład sprowadzania na złą drogę. Być może. Ja patrzę na to inaczej.

Punkt przełomowy. Uwaga. Zacząłem zadawać sobie pytania. Nie wiem, skąd się te pytania wzięły. Nie miałem pojęcia. Natrętne pytania. Pytania bez odpowiedzi. Zacząłem zadawać te same pytania Tomaszowi. Też nie znał odpowiedzi. Nie były to bynajmniej pytania o to, co mamy jutro na czwartej lekcji, niestety. Coś bardziej na kształt: „Hej, Tomasz, nie zastanawiało cię nigdy, skąd się wzięliśmy i po co żyjemy na tej planecie?". Tak bardzo nurtowały mnie wtedy kwestie egzystencjalne, że Tomasz po pewnym czasie stwierdził, że musieli mnie porwać kosmici, przerobić i podrzucić z powrotem na Ziemię.

Nie rozumiałem, jak ktoś mógł powołać nas do życia i nie zostawić nam żadnej instrukcji obsługi. Co to do cholery ma być?! Irytowało mnie to tak mocno, że od ciągłych rozmyślań pytań przybywało coraz więcej – a odpowiedzi jak nie było, tak nie ma do dziś. Nie mogłem też zrozumieć, jakim cudem nikt o tym nie mówi. Dlaczego nie jest to głównym tematem rozmów wszystkich ludzi na ziemi? Rzeczywistość wydawała się taka błaha i trywialna, kiedy w głowie miałem myśl, że rodzimy się i umieramy bez celu. Jak można słuchać o tym, że ktoś sobie kupił nową sukienkę, podczas kiedy my tu nie wiemy, po co żyjemy? O co chodzi, ludzie?! Tragedia, kiła mogiła, jedno wielkie niezrozumienie. Psycholog powiedziałby, że takie pytania są oznaką załamania nerwowego. Zdrowy człowiek nie zastanawia się przecież nad takimi rzeczami. Z całym szacunkiem, ale gówno prawda. To był jeden z najszczęśliwszych okresów mojego życia.

Dzisiaj, z perspektywy czasu, wiem, że te pytania zaczęły mi otwierać oczy i właśnie te rozważania stały się fundamentem całego mojego rozwoju. Byłem święcie przekonany, że to wszystko niebawem minie. Przecież zgodnie z opowieścią pani higienistki każdy przechodzi taki etap w swoim życiu. Jak się okazało po latach, niekoniecznie jest to etap przejściowy. Pamiętam, jak powiedziałem wtedy Tomaszowi: „Nacieszmy się tym okresem. Jak będziemy starsi, będziemy mieć na głowie ZUS, pracę, rodzinę i normalne problemy, jak wszyscy inni. Zobaczysz, będziemy się śmiać do rozpuku, że mieliśmy kiedyś takie rozterki jak sens istnienia". Myliłem się. I to bardzo. Nie dość, że nie śmieję się dzisiaj z mojego weltschmerzu, to na dodatek nie potrafię sobie już wyobrazić swojego życia bez niego. Oczywiście mam ZUS-y do zapłacenia, pracę, rodzinę i normalne problemy, jak każdy, ale wiem też, jak kruche i ulotne jest nasze życie. I wiem, że nie ma na świecie nic cenniejszego niż ono. Nie ma nic większego, o co warto walczyć, a nawet za co warto umierać. Jak, mając tego świadomość, można się denerwować takimi pierdołami jak ZUS? Ja nie potrafię.

Matka natura bywa zaskakująca. Nie prosiłem o takie dylematy, a jednak gdy już się pojawiły, okazały się tak fascynujące, że nie potrafiłem przestać o nich myśleć. Mimo że na każdym kroku słyszałem: „Nie ma sensu się nad tym zastanawiać. To nic nie da. Nie znajdziesz odpowiedzi, bo jej nie ma. Człowiek jest za głupi, żeby to zrozumieć. Olej to". Nie mogłem olać. Za bardzo wierciło mi to dziurę w brzuchu. Całe szczęście, że Tomasz był otwarty na dyskusje. Nasze początkowe rozmowy na ten temat przypominają mi teraz dziecięcą zabawę klockami, ale wiadomo, nie od razu Rzym zbudowano. Ważny był pierwszy krok.

Kiedy już byliśmy pełnoletni i mogliśmy jeździć samochodem, stawaliśmy koło ronda, zaraz obok fabryki gaśnic Gloria w Ropczycach. Siedzieliśmy w aucie z włączoną muzyką, patrzyliśmy przed siebie i gadaliśmy. Gadaliśmy o wszystkim. O świecie, o dziewczynach, o życiu. O typowych problemach nastolatków. Brzmi to superckliwie, ale nic na to nie poradzę! Pewnego razu siedzimy w tym aucie koło ronda i patrzymy, a tu podjeżdża do nas policja. Szyby mamy zaparowane, nasze auto stoi na środku pola. Środek nocy. Policjanci wychodzą z latarkami, pukają w naszą szybę. Otwieramy. Pytają, co robimy. Mówimy, że gadamy. Szyby dalej zaparowane. Porozglądali się po aucie z niedowierzaniem i poszli. Jestem przekonany, że do dzisiaj krążą legendy o szerzącym się homoseksualizmie wśród ropczyckich nastolatków. A my przecież tylko gadaliśmy.

Stop. Pytanie. O czym będzie teraz ta książka? Będzie o tym, że jakiś nastolatek z Ropczyc nie miał większych problemów w życiu i teraz będzie uczył innych, jak żyć? Dobre pytanie! Już spieszę z odpowiedzią. Nie. Nie jest moją intencją pisać o rzeczach, na których się nie znam. Piszę sam do siebie. Piszę coś, co sam chciałbym dostać, kiedy byłem nastolatkiem. Jakieś okruchy zrozumienia. Okruchy wiedzy, które mógłbym zebrać i wykorzystać w swoim rozwoju. Czy są dzisiaj na świecie osoby podobne do mnie sprzed kilkunastu lat? Pewnie tak. Macie w rękach dzienniczek zbuntowanego chłopca, który wciąż jest na tyle głupi, że myśli, że świat to zabawa. Nie jestem ani ponadprzeciętnie mądry, ani specjalnie tępy. Uplasowałbym się mniej więcej pośrodku skali. Jedyne, co mam do zaoferowania, to moje obserwacje i doświadczenia. Nie potrafię nauczyć kogoś żyć, nie mam nawet takiego zamiaru.

Zresztą, nikt nie potrafi. Nie ma jednej jedynej drogi do szczęścia. A nawet gdyby była, to za pierwszym razem i tak nikt by nie wiedział, jak ją przejść.

2

ŚWIATOPOGLĄD

W TLE:

Clint Mansell • *Stay with Me*

•

W serwisie „The Independent" przeczytałem słowa papieża Franciszka. Nagłówek brzmiał: „Papież Franciszek do ateistów: nie musicie wierzyć w Boga, żeby pójść do nieba". Chwila zastanowienia. Wow. Przyznam szczerze, nie spodziewałem się. Oczywiście trudno osądzać po jednym zdaniu, ale mam nieodparte wrażenie, że ten gość wie, o co chodzi. I co więcej, to pokrywa się z tym, co będę chciał tu przekazać. Cieszy mnie każdy taki gest ze strony Kościoła, bo daje nadzieję na budowanie porozumienia. Przy dzisiejszych podziałach społecznych każdy akt łączenia jest na wagę złota.

pierwsza komunia święta

Pochodzę z religijnej rodziny, jak większość. Na zachodniej Ukrainie mieszkają głównie grekokatolicy. Moja babcia była przewodniczącą chóru kościelnego w Peremyszlanach. Odpowiedzialne zadanie! W kościele nie ma ani organów, ani organisty. Jest chór. Chór składa się głównie z dojrzałych kobiet (eufemizm w stosunku do starych bab), ale może tam śpiewać (albo próbować śpiewać) każdy, nie ma żadnych przeszkód. Wystarczą chęci, jak we wszystkim w życiu. Właśnie na próby tego chóru babcia często zabierała mnie i mojego brata. Nie mieszkaliśmy już wtedy na stałe na Ukrainie.

Nie mieliśmy tam śpiewać, bynajmniej. Mieliśmy po prostu być. Stać i patrzeć. Przeżywać. Uczyć się życia. Oglądać i nie przeszkadzać. Nawet gdybyśmy mieli śpiewać, to pewnie i tak byśmy tego nie robili, bo ani nie potrafiliśmy tego robić, ani nie znaliśmy tekstów. Ale kurde, nie ma co, czuliśmy się uprzywilejowani. Nasza babcia była przecież przewodniczącą chóru! Podczas mszy staliśmy tam na górze. Patrzyliśmy na wszystko, co się dzieje. Nie miałem zielonego pojęcia, po co to robimy. Po co chodzimy do tej cerkwi? Po co śpiewamy? Do kogo śpiewamy? Co się stanie, jak nie zaśpiewam? Dlaczego są tacy, którzy w ogóle nie chodzą do cerkwi? Na pewno pokłócili się z tymi, którzy dalej tu przychodzą.

Przyszedł czas komunii świętej. Rodzice superpodjarani, dziecko idzie do komunii. Dla mnie to też było ważne wydarzenie, choć nie wiem dlaczego. Chyba jak się dziecku powie, że coś jest ważne, to automatycznie takie się staje, niezależnie od okoliczności. Byłem wyznania greckokatolickiego i formalnie do dzisiaj jestem. Wtedy znaczyło to dla mnie mniej więcej tyle, że nie mogłem iść do komunii z kolegami z Polski. Trzeba było to załatwić na Ukrainie. Rodzice zaaranżowali wszystko w soborze Świętego Jura we Lwowie. Zadzwonili do księdza i ustalili, że przyjmę komunię świętą sam. W pustej katedrze. Tylko z najbliższymi... Spoko. Nie miałem nic przeciwko. Po raz kolejny mogłem poczuć, jaki jestem wyjątkowy. Cały kościół dla mnie?! Jaszeczka. Proste. Niby dla kogo innego. Przecież jestem pępkiem świata.

zzz. Zdać, zapić, zapomnieć. No, można wyrzucić to „zapić", miałem przecież tylko osiem lat. Zostaje zdać, zapomnieć. Nie wiedziałem, że do komunii trzeba się specjalnie przygotowywać. To się dowiedziałem. Dowiedziałem się, że muszę wykuć na blachę wszystko z tej jednej małej książeczki. Dasz radę, Włodeczku, powiedzieli. Oczywiście, że dam radę. Kto ma dać radę jak nie ja?! Z pamięcią przecież nigdy nie miałem problemów. Wszystkie przykazania, grzechy główne i inne wyliczanki wciągnąłem nosem. Wciągnąłem jedną dziurką, żeby po kilku dniach wypuścić drugą. Nie wiedziałem wtedy jeszcze, że tak to działa.

Cała ceremonia poszła gładko. Katedra zgodnie z zapowiedzią była pusta. Ksiądz czekał na mnie, żeby odprawić wszystko jak należy. Pojawiła się nawet moja matka chrzestna, Oksana. Uwielbiam ją. Zawsze wydawała mi się bardzo inteligentna. Ku mojemu zdziwieniu nikt nie odpytywał mnie z tych modlitw, które wcześniej kazali mi wkuwać. Byłem tym bardzo rozczarowany, chociaż to przecież byłby tylko kolejny niepotrzebny stres. Na szczęście ciocia Oksana miała ze sobą prezent, pseudopistolet na krążki z gąbki. Był super.

Czym jest pierwsza komunia święta? Dopuszcza się do niej wiernych, którzy znają podstawowe prawdy wiary i rozumieją dokonującą się na mszy świętej transsubstancjację. Transsubstancjację. Powtarzam: transsubstancjację. Ośmioletnie dziecko ma nie tylko znać, lecz także rozumieć transsubstancjację. Hmm... Dziecko ma rozumieć coś, czego nie rozumieją nawet dorośli. Serio. Jaka ogromna jest różnica między wiedzą a zrozumieniem. Dzieli je przepaść. Najpierw wiedza, później w dół, dno, dno, dno, kilkaset metrów mułu i kolejne dno. Wiele kilometrów nicości. I gdzieś tam, na samym spodzie, zaczyna prześwitywać zrozumienie.

Tak, znałem podstawowe prawdy wiary na pamięć, kiedy przystępowałem do pierwszej komunii świętej. Wykułem je na pamięć. Ale nic z nich nie rozumiałem.

Nie byłem bierzmowany, nie mogłem być. Rodzice powiedzieli mi, że w wierze greckokatolickiej bierzmowanie odbywa się podczas chrztu. Dla mnie bomba! Ważne, że nie musiałem po raz kolejny niczego wkuwać i szukać sobie drugiego imienia. Dokładnie tak, drugiego, nie trzeciego. Jedno imię wystarczy, żeby wiedzieć, jak kogoś zawołać.

•

ateizm

•

Początek rozwoju duchowego – liceum. Byłem już wtedy zagorzałym ateistą. Zagorzałym przynajmniej sam przed sobą. Nie obnosiłem się z tym za bardzo. Ateizm jest fantastyczny. Jest przejściowy, ale fantastyczny. Pozwala kwestionować, zgłębiać. Pozwala się zastanowić. Pozwala pytać. Pozwala czytać. Pozwala poznawać. Poznawać! Pozwala! Wszystkie kultury i tradycje powinny być dumne z ateizmu. Ateizm jest jak dziecko, które ma potrzebę sprawdzenia siebie i udowodnienia rodzicom, że jest już samodzielne. Ja sam! Zostaw to, Adasiu. Nie, ja sam!

Wiele osób postrzega ateizm jako jedyny słuszny wybór. Oczywiście, z racjonalnego i logicznego punktu widzenia – jak najbardziej! Jak ktoś może twierdzić, że jest Bóg, skoro go nie widać? Niech najpierw przedstawi jakiś dowód, to pogadamy. Rozum i duchowość przecież wzajemnie się wykluczają. Rodzisz się, dorastasz, po pewnym czasie mózg zaczyna przejmować nad tobą kontrolę. Ateizm staje się najsensowniejszy. Ewentualnie agnostycyzm: nie twierdzę, że Boga nie ma, ale nie wykluczam takiej możliwości. Ze mną było dokładnie tak samo.

Ale zaraz, zaraz. Co z innymi? Co z tymi religijnymi? Głupcy! Głupcy, bo ciągle wierzą w bożki. Zacofani!

Ciemnogród! Z jaką ja pogardą potrafiłem się odnosić do wierzących! Oczywiście nie wprost, tylko w myślach. Jest w sieci takie powiedzenie: „Kozak w necie, pizda w świecie". W moim wypadku było to: „Kozak w głowie, pizda w słowie". To był ten bunt. Bunt, który rozgrywał się tylko w moich myślach. Naprawdę ludzie wierzą w rzeczy nadprzyrodzone? Serio?! W to, że ktoś stworzył świat w sześć dni? A w siódmym odpoczywał? Poważnie? Mimo że miałem kilkanaście lat, nie potrafiłem tego ogarnąć. Chciałem, ale nie potrafiłem.

Myślałem o wszystkich ludziach, którzy rodzą się tylko po to, żeby umrzeć. Myślałem sobie o wszystkich zwierzątkach i roślinkach, które rodzą się tylko po to, żeby zginąć. Wyrastają i umierają – i ten cykl nigdy się nie kończy. Zastanawiałem się nad pojęciami dobra i zła w świecie zwierząt. Tam one nie funkcjonują, każdy walczy tylko o przetrwanie. Czy lew jest zły, bo zagryzł antylopę? Przecież nic mu nie zrobiła. A on ją zagryzł. Jak mógł? Co za potwór! Nie mogłem tego pojąć. Całej tej struktury świata. Byłem zbyt głupi. Zbyt młody. Nie miałem źródeł. Zresztą nie wiedziałem, że są jakiekolwiek źródła na ten temat. Byłem przekonany, że jest tylko Biblia.

Chociaż tyle. Zawsze byłem dumny z tego, że czytałem Biblię. Nie rozumiałem w niej wtedy ani jednej alegorii, ale i tak byłem dumny. Używałem tego jako argumentu dowodzącego mojej wyższości nad innymi katolikami. „Taki z ciebie katolik, a nigdy sam Biblii nie otworzyłeś!" – tak im mówiłem. „Jestem lepszym ateistą niż ty katolikiem!" Tak też mówiłem. Jest w tym niestety gorzkie ziarno prawdy – wielu wierzących nie wie, w co wierzy. Możliwe, że nigdy się nie dowie. Nie ma w nich ani grama chęci, aby zgłębić i sprawdzić, co podmiot liryczny miał na myśli. Przecież uczyli nas tego na polskim, prawda?

•

palcanizm

•

O co chodziło Jezusowi? Nie chciał, wbrew powszechnemu przekonaniu, żebyśmy wierzyli w Niego. Chciał, żeby wierzyć jak On. Żeby osiągnąć to zrozumienie, które On posiadł. Dokładnie takie samo założenie przyświecało Buddzie, Mahometowi i wszystkim innym prorokom. Nigdy nie chodziło o to, żeby wierzyć w kogoś. Jak można wierzyć w kogoś? Co to znaczy? Można co najwyżej wierzyć w to samo, w co ten ktoś wierzył. Nie wiem, czy można stać się lepszym człowiekiem, siedząc i czekając na ratunek. Wierzę za to, że można pracować nad sobą, by stawać się coraz lepszym. Nie wierzę, że coś przyjdzie do nas samo, jeśli bardzo mocno o to poprosimy. Jeśli natomiast taka wiara pomaga komuś stawać się lepszym człowiekiem i korygować błędy, to koniec dyskusji.

Jezus doznał oświecenia. Nieważne, czy sam, czy z czyjąś pomocą. Co mógł zrobić, by przekazać swoje przesłanie? Jakie miał opcje? Mógł posługiwać się alegoriami, przypowieściami, metaforami, symbolami, przykładami, przykazaniami. Po co? Żeby każdy mógł je zrozumieć na swój sposób. Odnieść je do siebie. Czy nie jest to dokładnie ten sam schemat, który działa w sztuce? Patrzysz na obraz, słuchasz muzyki i co się z tobą dzieje? Wychodzą na wierzch twoje emocje, wyjątkowe, charakterystyczne dla ciebie.

Masz teraz szansę, możesz dotknąć swojego jestestwa, tego, kim naprawdę jesteś. Dotyka to w tobie czegoś, co zazwyczaj pozostaje ukryte, twojej duszy. Zawsze patrz w siebie. W głąb. Nigdy na zewnątrz.

Na czym polega problem? Jezus chciał pokazać ludziom coś niewidzialnego. Wyciągnął zatem palec. Pokazał niewidzialne i powiedział: „Patrzcie, ludzie, to tu". Ludzie niestety nie zobaczyli tego, co chciał. Zobaczyli palec. To jest właśnie prawdziwe przekleństwo każdej religii, każdej! Nie patrzysz na to, co najważniejsze. Nie patrzysz w siebie, na swoje zachowania, emocje i uczucia. Patrzysz ciągle na ten durny drogowskaz, na ten... palec. Stawiasz mu pomniki. Budujesz świątynie. Tworzysz swoje nowe wyznanie. Nazywasz je „palcanizmem". Kłaniasz się przed tym palcem, traktujesz go jak Boga, oddajesz mu się, jesteś na każde jego zawołanie. Po kilku latach odcinasz własny palec, by pokazać wszem i wobec swoją pustą wiarę. A potem drugi, aż w końcu zostajesz bez palców. Ale to nic, jedziesz dalej. Nakłaniasz teraz innych do odcinania palców. Tworzysz nowy odłam religijny, sektę bezpalczastych. Cały czas wierzysz w palec, aż do upadłego. Dopóki nie zejdzie z ciebie cała krew, dopóki nie umrzesz za swoją wiarę. Rodzą się twoje dzieci. Od razu przekonujesz je do palcanizmu. Opierają się – nie szkodzi, to dla ich dobra. Muszą zrozumieć, że bez palcanizmu będą zgubione. Że bez niego nie mogą być szczęśliwe.

•

teraźniejszość

•

Moja droga była chwiejna, stroma. Kilka razy spadłem. Bolało. Musiało boleć! Ważne, że zawsze się otrzepywałem i wstawałem. Jeśli dobrze pamiętam, zaczęło się od *Potęgi teraźniejszości*, takiej książeczki Eckharta Tollego. Polecił mi ją znajomy. Nie pamiętam już, o czym gadaliśmy, gdy wypłynął ten temat. Pewnie jak zwykle o moich rozterkach. Sprawdziłem książkę. Okazało się, że to hit, bestseller, przetłumaczony na wiele języków. O czym? O tym, że jedyne, co istnieje, to „tu i teraz". Wat? Że nie jesteś swoimi myślami i ciałem. WAT WAT? Że przeszłość i przyszłość są tylko urojeniami umysłu. WAT WAT WAT? Wszystkie te koncepty były dla mnie zupełnie nowe.

Według pana Eckharta miałem przestać myśleć o tym, co było, i o tym, co dopiero będzie.

Byłem zdezorientowany. Ale jak to?! Przecież jestem w tym najlepszy! Moją największą siłą jest rozmyślanie! Rozważanie, co mam robić, jak mam coś zrobić, jak będzie najlepiej to zrobić, co w takiej sytuacji, co w innej? A co, jeśli zrobię to? A co, jeśli zrobię tamto? Miałem nawet różne wersje myślenia, inną na każdy dzień. Byłem mistrzem myślenia, a nagle chcieli mi zabrać moją najpotężniejszą broń, jedyną rzecz, która definiowała mnie jako mnie i stawiała wyżej od innych.

Mam ją oddać, bo ktoś tak mówi? Hah, wolne żarty. Przecież jestem samodzielny. Nikt mi nie będzie mówił, co mam robić. Ja, moje myślenie i moje ciało stanowimy jedno. Długo, bardzo długo myślałem w ten sposób. Byłem przywiązany do mojego myślenia do tego stopnia, że bałem się, że gdyby ktoś mi je zabrał, nie zostałoby już ze mnie nic. Nie wiedziałem, że o to chodzi. Bałem się „nicości".

Zastosowałem się do wskazówek z *Potęgi teraźniejszości*. Nic mi nie szkodzi, pomyślałem, nic nie tracę. Przynajmniej się dowiem, jak to jest. OK, jedziemy. Już na starcie pojawiły się pierwsze problemy. Za każdym razem, kiedy włączało mi się myślenie o tym, co będzie, albo co było, starałem się to w sobie zdusić. Nie pozwalałem się tym myślom rozwinąć. Na początku było nawet spoko, zaczęły mnie cieszyć drobnostki. Byłem szczęśliwy. Potrafiłem momentami odczuwać radość ze zwykłego siedzenia na krześle. Tylko tyle. Siedziałem i byłem szczęśliwy. Nie trwało to jednak długo – jakiś miesiąc. Potem odezwało się ego. Podeszło powolutku i zgrabnie zapukało do drzwi. „Hej! Zapomniałeś o mnie czy jak?!" Ego jest bardzo przebiegłe. „Oczywiście, że o Tobie nie zapomniałem" – odparłem. I tak dzień po dniu zaczął się powrót do stanu wcześniejszego. Nie mogłem się oprzeć myśleniu, to było silniejsze ode mnie. Wiedziałem, że im więcej będę myślał, tym sprytniej przechytrzę innych! Szybciej wyjdę przed szereg i bardziej będą mnie wielbić. Na pewno wymyślę coś, co pozwoli mi zaistnieć w społeczeństwie. Mam przecież to, czego im brakuje. Myślałem: „Oni tylko chodzą i żyją. LOL. Chodzą i żyją. Co za przegrywy. Ja mam coś, czego wy nie macie, MÓZG. Teraz będę myślał tak długo, aż was wszystkich prześcignę w tym waszym »życiu«". Ależ byłem głupi.

Pamiętam moją rozmowę z Moniką:

– Mon, o czym myślisz?
– O niczym – odparła.
– Co?! Jak to o niczym? Jak można myśleć o niczym?

„O matko, co za baba mi się trafiła. Kurde mol, mam żonę głupka. Muszę uciekać. Ale gdzie? Nie ma gdzie. Fak. Jestem udupiony". Byłem autentycznie przerażony, że jestem z kimś, kto nie ma włączonego kompulsywnego myślenia. Kto nie jest ofiarą tego nałogu. Traktowałem to jako oznakę słabości, cechę gorszego, wymierającego gatunku, najgorszego sortu Polaków. No proszę, ewolucja zrobiła swoje: jeśli nie myślisz 24/7, jesteś nieprzydatny dla społeczeństwa, pogódź się z tym.

Myślenie było moim chlebem. Moją wodą. Moją kochanką. Moją jedyną miłością. Nie mogę przecież pozwolić nikomu zabrać mojej miłości, po moim trupie! Matko, jaki byłem głupi! Nie rozumiałem, że popełniam błąd. Nie rozumiałem różnicy pomiędzy zupełnym odcinaniem od siebie myśli a nieprzywiązywaniem się do nich. Odcinałem je dalej.

Następną książką był *Kosmiczny spust* Roberta Antona Wilsona. Ciekawa, specyficzna książka. Po raz kolejny odblokowała się we mnie chęć zgłębiania świata. Znów poczułem potrzebę poznawania innych wierzeń i religii. Zacząłem więcej czytać. Zrozumiałem, że nasz świat jest naprawdę niesamowity. Każda kultura, każda cywilizacja, każda epoka na każdym kontynencie zostawia po sobie przeróżne zapisy i drogowskazy. Co z nimi robimy? Oglądamy je, zachwycamy się malowidłami, legendami i zawsze mówimy to samo. „Alеż ci nasi przodkowie byli zacofani, huh! Takie śmieszne obrazki rysowali, takie śmieszne rzeczy opowiadali. Przecież oni nawet nie wiedzieli, co to grawitacja, albo że składamy się z atomów! Czy jest w takim razie jakiś powód, dla którego mielibyśmy ich słuchać? Wątpię, szczerze wątpię. Co oni mogliby takiego wiedzieć, czego my dzisiaj nie wiemy? Proszę zobaczyć, jakie mamy teraz komputery. Prawda, że ładne i szybkie?"

Nie zrozumcie mnie źle. Uwielbiam technologię, od zawsze uwielbiałem i zakładam, że moje podejście do tej sprawy się nie zmieni. Jestem wdzięczny nauce za wszystko, co mi dała. Za prąd, ogrzewanie, dach nad głową, samochody, paliwo do samochodów i samolotów, komputery, które były dla mnie podstawowym narzędziem przez większość kariery. Za Internet, który pokazał mi świat. Za smartfony, dzięki którym zawsze mogę znaleźć to, czego potrzebuję.

Żyjemy w fantastycznym świecie! Doceniam to, naprawdę. Ale wiem też, że wiedza o naturze człowieka była dostępna ludziom również kilka tysięcy lat temu, zupełnie tak samo, jak nam dzisiaj. Nie ma ona najmniejszego związku z nauką i odkryciami techniki, stety niestety.

kabała

W moich poszukiwaniach w końcu dokopałem się do Kabały, mistycznej nauki judaizmu. Wtedy niczego z niej nie rozumiałem – jakieś drzewo życia, numerologia, kompletne nemo. Wlazłem na stronę dla zainteresowanych tym tematem, ściągnąłem e-booka *Tajemne nauki Kabały*. Brzmiało interesująco. O co chodziło? O to, żeby nauczyć się panowania nad ego. Jakim ego? Ja nie mam żadnego ego! Jak mogę się odciąć od ego, jeśli go nie mam? To jest problem zwykłych ludzi, na pewno nie mój. Przeczytałem połowę i odstawiłem. Głupi ja!

Kabaliści nie wierzą w to, że historie opisane w pierwszych pięciu księgach Starego Testamentu wydarzyły się naprawdę, nie traktują Tory dosłownie. Inni nawet twierdzą, że głupcem jest ten, kto tak robi. Niektórzy poświęcają całe życie na studiowanie Tory i odnajdywanie w niej ukrytych kodów i tajemnic świata. Do każdej litery alfabetu hebrajskiego przypisana jest konkretna liczba. Każde słowo ma swój odpowiednik w cyfrach.

Wyobraź sobie Biblię jako nuty zapisane na kartkach papieru. Słyszysz już muzykę? Nie słyszysz, bo nie masz instrumentu, na którym mógłbyś ją zagrać. Kabała uczy tworzenia takiego instrumentu w nas samych – żeby każdy mógł zrozumieć i usłyszeć tę muzykę. Wszystkie historie biblijne według kabalistów odnoszą się do każdego z nas, do każdego człowieka. Mówią o naszym codziennym zachowaniu i starają się je ubrać w przystępne metafory.

Na przykład historia Adama i Ewy wcale nie opowiada o naszych mitycznych dziadkach i babciach. Jest przedstawieniem, „teatrem" naszych egoistycznych i altruistycznych cech. Tego, czego doświadczamy na co dzień. Słowo „Adam" w języku hebrajskim oznacza po prostu „człowiek", „Ewa" natomiast to „żyć" albo „oddychać". Wszystko, o czym mówi Tora, dotyczy tego, co dzieje się do dzisiaj na ziemi. Wcale nie chodzi o to, co się kiedyś wydarzyło.

W Kabale fascynuje mnie to, że dzięki jej studiowaniu i odkodowywaniu ukrytych znaczeń można stać się lepszym człowiekiem. Mniej egoistycznym, bardziej altruistycznym. I nie chodzi wcale o tani i banalny altruizm, który prowadzi tylko do tego, że jeszcze mocniej odczuwamy swoje egoistyczne potrzeby. Nie! Kabała uczy altruizmu, który łamie wszystkie zastygłe schematy, który nie oczekuje niczego w zamian i jest wyrazem naszej naturalnej potrzeby czynienia dobra, dla siebie i dla innych.

W ostatnich latach zainteresowanie Kabałą bardzo mocno wzrosło – głównie za sprawą promowania jej przez celebrytów. A ich lista jest całkiem pokaźna: Madonna, Britney Spears, Paris Hilton, Victoria Beckham, Naomi Campbell, Mick Jagger, Demi Moore, Rihanna, Gwyneth Paltrow, Anthony Kiedis, Ashton Kutcher i cała reszta. Smaczku dodaje fakt, że Kabała miała też wpływ na myśl takich ludzi jak Arystoteles, Platon, Pitagoras, Baruch Spinoza, Gottfried

Wilhelm Leibniz czy Isaac Newton. Sir Isaac Newton jest dość osobliwym przypadkiem. Nikt nie ma wątpliwości co do jego geniuszu i racjonalnego myślenia, choć był on szczerze przekonany, że to w Kabale ukryte są wszystkie tajemnice tego świata. Chciał je tylko odkodować.

Teraz postrzegam Kabałę także jako naukę dorosłości. Tego, żeby więcej dawać, a mniej brać. Zaraz po urodzeniu jesteśmy absolutnie zależni od innych – dziecko bierze, dorosły daje. Trzeba nam coś podać, przysunąć, podnieść, we wszystkim pomóc – inaczej nie będziemy w stanie funkcjonować. Pozostawieni sami sobie, umrzemy. Ale zaczynamy dorastać i w pewnym momencie dochodzimy do punktu, kiedy musimy wydorośleć: przestać brać, a zacząć dawać. Ten etap w życiu jest dla wielu bardzo trudny i czasem wręcz niemożliwy do przeskoczenia.

Niektórzy dorośli są dzisiaj tak przyzwyczajeni do swoich dziecięcych zachowań, że w dalszym ciągu oczekują wszystkiego od innych. Marudzą, kiedy nie dostają wszystkiego, czego chcą. Obrażają się, gdy ktoś nie spełni ich żądania. Zamiast po prostu dawać i realizować w życiu to, co do nich należy, przyjmują postawę całkowicie roszczeniową. Nie dzielą się tym, co dostali od życia. Nie są za to wdzięczni. Nie czują się zobowiązani wobec innych. Chcą tylko wiecznie brać i brać, aby zaspokoić swoje ego. Dorosły i dojrzały człowiek natomiast jest w pełni świadomy swoich wad i zalet oraz tego, co może dać innym. Dlatego właśnie Kabała w swojej istocie jest dla mnie, z psychologicznego punktu widzenia, sztuką rozumienia dorosłości.

•

zen

•

Buddyzm zawsze mi się podobał. Jest czysty, nieteistyczny. Nie muszę się nikomu kłaniać, nikogo czcić – mogę rozwijać sam siebie. Jego założenia są stosunkowo proste, łatwo przyswajalne. Czułem też, że pasuje do mnie ze względu na moją stoicką i niecholeryczną naturę. Niestety, to nie wystarczyło. Nie dał mi tego, czego potrzebowałem. Zacząłem grzebać dalej.

Gnostycyzm, mistyczny odłam chrześcijaństwa, był następny. Potem sufizm, mistyczny odłam islamu. Samo słowo „mistyczny" było dla mnie czymś trudnym do pojęcia. Co to niby oznacza? Podobał mi się natomiast fakt, że te nurty skupiają się na duszy, na czymś niewidzialnym. Na czymś, czego nie można zgłębić w „tym" świecie. Na zbawieniu, które wybiega totalnie poza materializm, poza wszystko, co znamy od dziecka. Podobało mi się to, ale dalej nie wiedziałem, o co może w tym wszystkim chodzić. Czułem tylko, że jest to niesamowicie interesujące i wciągające.

Bruce Lee, kiedy tworzył swój styl walki Jeet Kune Do, twierdził, że tak naprawdę nie jest to żaden styl walki. Jeet Kune Do stanowi samo w sobie zaprzeczenie jakichkolwiek ram i stylu, jest określeniem dowolności i braku formy: „Walcz tak, jak podpowiada ci twoja własna natura.

Używaj minimalnej ilości ruchów. Nie myśl o tym. Po prostu szczerze wyrażaj siebie". Lee musiał jednak przekazywać tę wiedzę za pomocą słów, używać nazw, bo inaczej nikt by go nie zrozumiał. Zrobił to, aby pomóc ludziom zrozumieć, że nie powinni nakładać na siebie żadnych ograniczeń. Istnieje tylko swobodna ekspresja każdej osoby. Każdej z osobna. Każdej w jej unikalnym, niepowtarzalnym stylu. Bez ram. Bez schematów. Bez technik.

Wiem, że trudno to ogarnąć, szczególnie na początku. Podobnie jest ze słowem „Bóg", które wychodzi poza ramy i schematy. Samym zadaniem słowa „Bóg" jest wyrwanie cię z myślenia, że na świecie jest Bóg. Nie ma Go. To, co widzisz, jest tylko Jego przejawem. Jesteś tylko ty, twoja jaźń, nic więcej. Jak to zrozumieć? Bruce Lee chciał, żeby ludzie traktowali Jeet Kune Do jak metaforę łódki, dzięki której mogą przepłynąć na drugi brzeg rzeki. Potem łódkę należy zostawić. Nic więcej. Gdy tylko zrozumiesz, o co chodzi, zrozumiesz też, że nie możesz zabrać ze sobą tej łódki. Nie powinieneś też przy niej stać. Jej jedynym zadaniem było pomóc ci w przeprawie, zrozumieć pewne prawdy i pojęcia. Zasada jest prosta: nie mów, że jesteś wyznawcą stylu Jeet Kune Do, bo im bardziej myślisz o Jeet Kune Do, tym bardziej się od niego oddalasz.

Nigdy nie interesowałem się specjalnie Bruce'em Lee ani sztukami walki. Wierzę jednak, że słowa potrafią zmieniać ludzi. Najważniejsza moim zdaniem sentencja Bruce'a Lee brzmi: „Oczyść swój umysł. Bądź bez formy. Bez kształtu. Jak woda. Wlej wodę do kubka, a stanie się kubkiem. Wlej wodę do butelki, stanie się butelką. Wlej wodę do czajnika, stanie się czajnikiem. Woda może płynąć. Może się rozbić. Bądź wodą". Kiedy pierwszy raz usłyszałem te słowa, byłem przekonany, że wiem, o co chodzi. „No bo o co takiego trudnego może chodzić?" – myślałem. Dopiero po jakimś czasie dotarło do mnie, że znaczą dokładnie to samo, co „panta rhei", czyli „wszystko płynie" Heraklita z Efezu. Im bardziej będziesz się starał temu opierać, kontrolować i zatrzymać ten proces, tym szybciej zaczniesz przegrywać. To tak jak z płytą CD w odtwarzaczu, która wyrzuca z siebie nagraną muzykę. Bywa, że jest porysowana i nagranie się zacina, nagle słychać zgrzyt. To samo dzieje się, kiedy starasz się powstrzymać swoją naturę i odwieczny proces zmian.

Polecam sprawdzić na YouTubie: *The Lost Interview with Bruce Lee*. Nie znasz angielskiego? Naucz się. Nie znając angielskiego, tracisz dostęp do potężnej skarbnicy wiedzy. Nie licz na to, że tłumaczenie da ci to, co oryginał. Każdy język jest inny. Każdy język ubiera tę samą rzeczywistość w inne ramy. Nie sposób dokładnie przetłumaczyć jednego języka na drugi, nie da się tego zrobić idealnie. Możesz być blisko, ale nigdy nie oddasz sensu oryginału w pełni. Jeśli chcesz tak naprawdę poznać czyjś punkt widzenia, naucz się języka, którym posługuje się ta osoba. Nie masz na to czasu? W porządku. Ale miej chociaż świadomość, że coś mogło nie zostać przetłumaczone doskonale. A to niedoskonałe „coś" możesz nieświadomie zabrać ze sobą, uznać za doskonałe i w nie uwierzyć.

miłość

Wypraliśmy to słowo z jakiegokolwiek znaczenia, totalnie. Posługując się nim, nie jestem już nawet w stanie przekazać tego, co chcę. Wiecie dlaczego? Dlatego, że im coś jest na świecie ważniejsze, tym bardziej słowo na określenie tej rzeczy jest nadużywane i tym szybciej traci swój pierwotny sens. Tak rodzą się truizmy. Nie od dzisiaj wiadomo, że świat potrzebuje miłości i tylko miłością można pokonać zło, prawda? Słyszymy o tym non stop. A jednak na hasło „miłość" rodzi nam się w głowie obraz walentynek, buziaczków i hollywodzkich produkcji z Cameron Diaz. Może warto zastąpić to słowo jakimś innym? Szacunek? Opieka? Troska?

Nie wiedzieć czemu zafascynowały mnie poglądy, które głoszą, że trzeba być panem własnego życia i postępować według swojej woli. Niby oczywiste, ale ileż cierpienia wyrządziła już na świecie niewłaściwa interpretacja tych haseł... Nie chodzi o to, żeby robić, co się komu podoba. Pamiętaj, twoja wolność zawsze kończy się tam, gdzie zaczyna się wolność drugiego człowieka. Każdy z nas ma swoje wewnętrzne sumienie. Jeśli ty jesteś wszystkim, a wszystko jest tobą, to krzywdząc drugiego człowieka, krzywdzisz samego siebie. Zrozum to, a zrozumiesz wszystko. To jest cały sens. Wola wypełniona nieskażoną miłością. Miłością, która nie oczekuje niczego w zamian. Nie chodzi o miłość w stylu „Będę kochał ciebie, jeśli ty będziesz kochać mnie. Kiedy przestaniesz mnie kochać, ja przestanę kochać ciebie". Każdy z nas ma wolną wolę, każdy z nas wie, co jest dla niego najlepsze. Jeśli to, co robisz, jest wypełnione bezwarunkową miłością, wygrałeś.

Czytając takie rzeczy, bardzo łatwo można coś źle zrozumieć. To jedna z większych pułapek, kiedy zaczyna się zgłębiać te tematy. Wystarczy wyrwać coś z kontekstu, przeczytać między wierszami i gotowe. Jest jedna zasada: nigdy nikogo nie krzywdź! Tylko tyle, to jest podstawa wszystkiego. Nigdy. Przenigdy. Nikogo. Nie krzywdź.

przebudzenie

Ale to nie takie prawdy mnie obudziły. Obudziło mnie coś zupełnie innego. Ktoś inny.

Miałem wtedy dokuczliwe bóle szyi. Nic właściwie nie pomagało, więc stwierdziłem, że spróbuję akupunktury. Nigdy nie bawiłem się w podobne rzeczy, ale dla samego nowego doświadczenia i dobrej zabawy powiedziałem sobie: czemu nie? Dostałem od znajomego namiary na lekarza. Zadzwoniłem, żeby umówić się na wizytę. Okazało się, że nie ma żadnego umawiania, po prostu się przychodzi. W porządku, poszedłem następnego dnia. Zabrałem ze sobą Monikę. Wiadomo, jak faceta coś boli, to zawsze tak, jakby miał zaraz umrzeć. Weszliśmy razem, ale lekarz zatrzymał nas w drzwiach: „Wchodzi tylko ta osoba, która przychodzi na leczenie". Monika została na korytarzu i czekała. Nie wiedziała, że nie będzie mnie ponad dwie godziny.

Położyłem się zatem na łóżku z celulozowym podkładem medycznym.

– Z czym pan do mnie przychodzi? – padło pytanie.
– Bolą mnie kark, mięśnie w okolicach szyi i czasem oko – odpowiedziałem.

Lekarz obejrzał mnie dokładnie, zadał parę dodatkowych pytań i kazał się położyć. Zgiął mnie w kilku miejscach, ścisnął mocno, obejmując całe ciało, a na zakończenie wbił kilkanaście igiełek. Nie widziałem nigdy wcześniej igieł do akupunktury i pozytywnie się zdziwiłem, widząc, że są tak cienkie. Samo wkłuwanie jest praktycznie nieodczuwalne.

– A teraz proszę leżeć i o niczym nie myśleć – usłyszałem.

Zasunął za sobą parawan.

Leżałem tak około piętnastu minut. Myślałem oczywiście. Starałem się nie myśleć, ale im bardziej się starałem, tym bardziej myślałem. Wrócił lekarz i z uśmiechem zapytał:

– No i o czym pan tak myślał?
– O niczym – skłamałem.
– A dlaczego mi pan kłamie? Na kilometr było pana słychać.

Aha. Teraz to już nie wiedziałem, co powiedzieć. Byłem mocno zakłopotany. Wstałem, założyłem płaszcz i byłem już gotowy do wyjścia. Zanim jednak wyszedłem, wdałem się z nim w pogawędkę o duchowości. Nie wiem, co mnie do tego skłoniło. Zauważyłem w nim chyba dobrego partnera do dyskusji. Miałem rację.

Poruszyliśmy temat jego kilkunastoletniej wędrówki przez życie w poszukiwaniu sensu. Zahaczyliśmy o wątek medytacji i dalekowschodnich guru. Nie pamiętam, żeby jakaś rozmowa sprawiła mi w życiu tyle przyjemności. Kiedy opowiadał, stałem jak wryty i słuchałem. W końcu ktoś, z kim mogę na ten temat normalnie pogadać! Nie zdawałem sobie nawet sprawy z upływu czasu – jakby się dla mnie zatrzymał. Nagle mój rozmówca powiedział coś, czego nie zapomnę do końca życia:

– Ale do kogo ty mówisz? Przecież nas tu nie ma. Ty śpisz.

Słucham? Dostałem kowadłem w głowę. Spadło prosto na mnie. Techniczny nokaut. Nie spodziewałem się takiego ciosu. Nie mogłem zrobić uniku. Nie mogłem i nie chciałem. Nie chodzi nawet o to, co powiedział – ale o to, jakie wrażenie wywarły na mnie te słowa. Najważniejsze było to, że po raz pierwszy usłyszałem coś takiego od drugiego człowieka. Nie był to już tylko głos w mojej głowie, który wciąż podpowiadał kolejne zwątpienia. Głos, który nie wiadomo, skąd się brał i co tak naprawdę oznaczał. Nie był to też żaden tekst z mądrej książki. Był to drugi człowiek, który wypowiedział głośno to, co do tej pory uznawałem za moje chore urojenia. W jego słowach skumulowało się wszystko, co zawsze chciałem wypowiedzieć, a nie potrafiłem. Wytłumaczył mi niewytłumaczalne.

Znałem już wtedy całą hinduistyczną koncepcję życia w iluzji, czyli maję. Według niej to, co widzimy, jest tylko złudzeniem, a cały świat, który postrzegamy i odbieramy, nie istnieje. I to również, błędnie zinterpretowane, potrafi być tragiczne w skutkach. Świat oczywiście istnieje – ale jednak słowa są niedoskonałe, metafory są niedoskonałe, sztuka jest niedoskonała. A mimo wszystko z tych niedoskonałych kawałków, strzępów jesteśmy w stanie ułożyć coś, co przypominać będzie poznanie. Poznanie, które tylu ludzi nazywa Bogiem. I nie chodzi tu o tego Boga z siwą brodą rozliczającego każdą istotę z dobrych i złych uczynków. Nie. Chodzi o tego Boga, który daje spokój i wolność.

Kiedy wychodziłem już od tego lekarza na dobre, zapytał mnie, czy ta kobieta, która weszła ze mną, jest moją żoną. Potwierdziłem.

– Siedzieliśmy tu ponad dwie godziny, rozmawiając. Nie weszła ani razu. Jest bardzo cierpliwa. Taka żona to skarb. Proszę się nią opiekować – dodał.

Odparłem tylko: „Wiem” – i wyszedłem.

•

poszukiwanie

•

Poszukiwanie własnej drogi duchowej przypomina mi szukanie informacji na forach internetowych. Znasz ten schemat: wchodzisz na nowe forum, szybko potrzebujesz informacji. Co teraz? Masz dwie opcje. Albo założyć nowy wątek i zapytać innych, albo przeszukać całe forum, WIERZĄC, że znajdziesz tam to, czego szukasz. Nie masz pewności, że coś znajdziesz, ale zawsze możesz spróbować. Nikt nie zagwarantuje ci sukcesu. Co w takich sytuacjach robi większość? To samo, co wszyscy – zakłada nowy wątek. Zrób to samo, przecież tak bardzo ci się spieszy. Dostaniesz odpowiedź, dostaniesz, czego potrzebowałeś, zastosujesz to i pójdziesz dalej. Ale nie zostanie w tobie nawet cień zrozumienia. Nie zrozumiesz tego, jak ktoś zdobył wiedzę, którą ci przekazał. Ta informacja, którą dostałeś, wyleci ci z głowy najpóźniej za kilka lat. Oczywiście, że fajnie by było, gdyby ktoś po prostu ci napisał, czym jest „prawda". Jasne. Chciałbyś wiedzieć, co robisz źle. Wiem, byłoby wspaniale. Niestety, świat tak nie działa. Musisz ruszyć dupę i poszukać sam. Nie ma innej drogi.

Możesz zaprowadzić konia do wodopoju, ale nie możesz go zmusić, żeby się napił. Niech więc nikt nie czuje się zmuszany do czegokolwiek. Niech nikt nie czuje, że nie będę go lubił, jeśli nie będzie miał takich samych przekonań jak ja.

Niech nikt nie boi się być sobą. Niech nikt nie wstydzi się tego, że jest na początku drogi. Albo na środku, albo prawie na końcu. Niech nie chełpi się tym, że jest na samej górze. Bo nie ma żadnej góry. Jeśli ktoś twierdzi, że jest na jakiejkolwiek górze, jest tak naprawdę w dupie. Nie dość, że jest w dupie, to jeszcze siedzi tam sam. Nieważne, iloma ludźmi się otacza. Jeśli traktuje innych gorzej od siebie, gwarantuję ci, że w głębi serca jest samotny.

Pamiętam, jak na Blog Forum Gdańsk zacząłem biegać i opowiadać, że zrozumiałem w końcu, na czym polegają yin i yang. Dualność, dobro i zło, plus i minus. Dwie skrajności na tej samej skali. Dobiegłem do kogoś, żeby podzielić się radosną nowiną. „Gratuluję, Włodku! Naprawdę". A ja na to: „Słuchaj, gościu! Równowaga. Najważniejsza w życiu jest równowaga. Prawda zawsze leży pośrodku". Gadałem jak nakręcony. To się często zdarza w takich sytuacjach. Ludzie, którzy przeżyli coś podobnego, potrafią kompletnie odciąć się od świata materialnego. Mogą „odlecieć" w negatywnym tego słowa znaczeniu, zacząć postrzegać ten świat jako źródło całego zła. To niepotrzebne, a wręcz błędne. Ale ten sam mechanizm działa niestety też w drugą stronę. Ludzie zafascynowani światem zbytku tak samo postrzegają duchowość – jako źródło całego zła, siedlisko fanatyzmu, zabobonów i wisiorków za trzy tysiące złotych. Również niepotrzebnie. Jedna i druga strona to tylko połówki całości.

Sam jesteś tym, czego szukasz. Wszystkie religie sprowadzają się w gruncie rzeczy do tego samego: masz uwierzyć w siebie, przestać krzywdzić siebie i innych, nie manipulować ludźmi, cieszyć się życiem, obudzić się ze snu i spełniać swoje marzenia. Do tego sprowadza się cały przekaz. Ateizm paradoksalnie, czego wielu nie jest świadomych, mówi o tym samym. Opiera się na tym cała duchowość, to przesłanie przedostaje się do filmów, piosenek, popkultury. Nie ma Boga poza głosem w tobie, który mówi ci, co masz robić. Siedzisz na skrzynce, której szukasz. To wszystko. Można by pomyśleć, że to jest zbyt proste. Niemożliwe, nie może chodzić o coś takiego. Ale... Wszystkie te przypowieści. Wszystkie metafory. Adam i Ewa. Wygnanie z raju. Jabłko. Wąż. Oświecenie. Trzecie oko. Ezoteryka. Tarot. Astrologia. Wyjście z ciała. Inne światy. Po co to? Po to, żeby łatwiej było zrozumieć. I nie, nie da się tego powiedzieć tak po prostu. Niby jak? „Szukajcie w sobie szczęścia, a znajdziecie". To banały, truizmy. Jest w nich ziarno prawdy, owszem, ale nie mają one już żadnej wartości poznawczej dla drugiej osoby. Nie nauczają. Nie wybudzają. Nie pomagają.

•

fanatyzm

•

Fanatyzm ateistyczny jest równie zły co fanatyzm religijny.

Weźmy totalnie wymyśloną, nienaukową metaforę z dwiema półkulami. Nasz mózg ma dwie półkule mózgowe, prawda? Mówi się, że lewa półkula odpowiedzialna jest między innymi za myślenie logiczne, analityczne, racjonalne, nauki ścisłe, język. Prawa natomiast – za kreatywność, intuicję, sztukę, emocje i myślenie abstrakcyjne. Moim zdaniem słabo sobie radzimy z umiejętnością łączenia tych dwóch sfer. Coraz częściej obserwuję zachowania świadczące o tym, że, mówiąc metaforycznie, ktoś zatrzymuje się tylko na możliwościach jednej z nich. Ten, który „wybiera" lewą półkulę, jest przekonany, że człowiek powinien być poukładany i wierzyć w intelekt. W pogoni za racjonalnością i logiką zapomina kompletnie o prawej stronie mózgu. Zapomina, że mamy też serca i uczucia, dzięki którym mówimy takie rzeczy, jak „Czuję, że żyję". Zapomina, że możemy czasem nie myśleć racjonalnie i na przykład rzucić dobrze płatną pracę w pogoni za niewytłumaczalnym poczuciem spełnienia. Czy jest w tym coś złego? Owszem, często irracjonalne myślenie prowadzi do irracjonalnych zachowań, które mogą być nawet tragiczne w skutkach. Ale czy trudno jest wskazać irracjonalne wydarzenia w historii, które okazały się przełomowe? Bardzo łatwo. Każdy wielki wynalazek w dziejach ludzkości był w gruncie rzeczy uważany za irracjonalny, przynajmniej na początku.

Pomyślałeś, że przykład z półkulami jest prawdziwy, prawda? A przecież podkreśliłem, że to metafora. Ciągle chcemy przekonywać innych do swoich racji. Lewica prawicę, prawica lewicę. Nauki ścisłe opierają się na bardzo prostym schemacie: jeśli A to B i jeśli B to C, a C to D, ergo A to D. Niestety, duchowości i prawdy nie da się w ten sposób przekazać. Można tylko pomagać innym ją poznawać przez naprowadzanie, uwrażliwianie, pokazywanie, że dusza istnieje, i zachęcanie do refleksji.

Koleżanka opowiedziała mi ostatnio o swojej nowej znajomości. Poznała pewną parę z Kanady, która przyjechała do niej na couchsurfing. Zabrała ich na wieczór do knajpy. Świetnie im się rozmawiało i w pewnym momencie Kanadyjczycy powiedzieli jej, że z zadziwieniem patrzą na ludzi w Polsce. Według nich, ludzie w Polsce nie wierzą w Boga. Myślą, że wierzą. Zapytani, powiedzą, że wierzą. Ale nie wiedzą, czym ten Bóg właściwie jest.

3

RADOŚĆ

W TLE:

Coldplay • *Fix You*

•

Monika znowu powiedziała coś pięknego. Tańczyła w kuchni, sama dla siebie, bez jakiejkolwiek potrzeby akceptacji jej tańca z mojej strony. Czuła, że chce tańczyć, więc po prostu tańczyła. Gdy skończyła, powiedziała radośnie:

– W życiu trzeba się samemu cieszyć. Nie można czekać, aż ktoś cię uszczęśliwi.

Wiem, że spośród wszystkich rzeczy, które razem przeżyliśmy, pamiętać będę głównie te pozornie mało znaczące momenty. Mógłbym właściwie wydać tę książkę, zbierając wszystkie jej sentencje. Wrzucić je w jakieś ładne ramki i sprzedawać. Zatytułować „I Ty możesz być szczęśliwy!" albo „Ty też zasługujesz na odrobinę szczęścia", lub „Jedyną osobą, która stoi pomiędzy Tobą a szczęściem, jesteś Ty!". Rozeszłyby się jak świeże bułeczki. Szybko bym się dorobił i mógłbym zabrać żonę na wakacje. Najlepiej jakiś all inclusive Egipt-cztery-gwiazdki-karaluchy-gratis. Tak, żeby położyć dupę na plaży i leżeć. Not.

•

wrażliwość

•

Jestem wrażliwy. Jestem taki od dziecka. Nie znaczy to, że łatwo mnie skrzywdzić – wręcz przeciwnie. Powiedziałbym dzisiaj, że łatwiej można skrzywdzić psychicznie kogoś, kto wygląda na kompletnie niewrażliwego, takiego typowego samca alfa z fizjonomią macho. Muskuły i fizyczność nie mają nic wspólnego z psychiką i tym, jak czysty umysł potrafi ktoś zachować. W niektórych przypadkach chęć poprawy wyglądu zewnętrznego może wynikać z chęci zakamuflowania niedoskonałości wewnętrznych. Tak jak ja nie potrafiłbym dzisiaj prawdopodobnie unieść klocka o wadze pięćdziesięciu kilogramów, tak samo siłacz może nie udźwignąć trudnych sytuacji, które spotkają go w życiu. Nie ma na to reguły. Optymalnie jest oczywiście ćwiczyć zarówno umysł, jak i ciało. Przyznaję się, u mnie z tym drugim jest zdecydowanie kiepsko.

Miałem może sześć lat, kiedy podczas spaceru z mamą zobaczyłem, jak umiera ptak, mały wróbelek. Spadł z drutu wysokiego napięcia, porażony prądem. Nie wiem, czy to był pierwszy raz, kiedy zauważyłem, że jakieś życie może się ot tak, bardzo szybko skończyć. Nie mogłem w to uwierzyć: kilka sekund temu ptaszek jeszcze ćwierkał, a teraz leżał i się nie ruszał. Zacząłem płakać. Na środku ulicy, niedaleko cmentarza w Ropczycach, z mamą obok, sześcioletni Włodek zaczął ryczeć, bo zobaczył, jak zdycha wróbelek.

Płakałem tam, na miejscu. Płakałem po powrocie do domu. Płakałem w poduszkę. Płakałem praktycznie bez przerwy przez następne kilka godzin. Nic takiego się niby nie wydarzyło, nikomu nie stała się krzywda, a jednak nie mogłem przestać. Rozstroiło mnie to, że jakieś stworzenie tak po prostu umarło. Oczywiście utrzymanie takiej wrażliwości, kiedy się jest dorosłym, jest na dłuższą metę niemożliwe, bo musiałbym teraz ryczeć od rana do wieczora, patrząc na cierpienie tego świata.

Nie uważam, że można relatywizować cierpienie w zależności od wieku i okoliczności. Bez względu na to, czy cierpi nastolatek, który ma złamane serce, czy pięćdziesięciolatek, który stracił pracę i nie ma co włożyć do garnka – za każdym razem jest to po prostu cierpienie. Co nam do tego, jakie są okoliczności, które sprawiają tej osobie ból? A niektórzy są tylko w stanie powiedzieć, że ten cudzy ból to tak naprawdę w ogóle nie jest ból, tylko jakiś jeden wielki żal, a to ich cierpienie jest najważniejsze. Czym jest nieszczęśliwe zakochanie szesnastolatki? „Toż to gówno, nie ból. Zobaczysz, jak będziesz cierpieć, kiedy będziesz miała prawdziwe problemy dorosłych" – odpowiedzą. Osz kurde, ile ja się takich rzeczy w życiu nasłuchałem. Tak samo jak potrzebujemy przekonać innych do swojej racji, tak samo relatywizujemy cierpienie innych, aby zdyskredytować ból drugiego człowieka i wywyższyć nasz własny. Z całym szacunkiem, ale tak nie można.

•

odrętwienie

•

Ulica Wielicka, Kraków. Stanąłem w korku. Nie ma za wiele do roboty, kiedy stoi się w korku. Mógłbym wyciągnąć telefon, ale po pierwsze – byłoby to niebezpieczne, a po drugie – nie miałem ochoty. Rozglądałem się zatem, tak jak mam czasem w zwyczaju. Patrzyłem niewinnie na świat, nikogo i niczego nie osądzając. Dojeżdżałem właśnie do świateł i zauważyłem dziewczynę. Na oko jakieś dwadzieścia kilka lat. Zwykła dziewczyna. Stała przed przejściem dla pieszych, czekała na zielone światło. Popatrzyłem na nią przez chwilę. Trwało to może kilka sekund, nie więcej. Zauważyła mnie. Nagle... z jej twarzą stało się coś dziwnego. Wykrzywił ją grymas gniewu. Agresja. Zaczęła coś do mnie krzyczeć, nie słyszałem przez zamkniętą szybę. Gdybym miał strzelać, byłoby to „Na co się, kurwa, gapisz?". Korek się rozluźnił. Pojechałem dalej, dziewczyna została w lusterku wstecznym.

Hmm. Czego się spodziewałem? Że się uśmiechnie? Nigdy się niczego nie spodziewaj.

Zaglądanie w duszę bywa bolesne. Przyjemnie jest cierpieć, ach, jak przyjemnie! „Chujowo, ale stabilnie", jak mawiają wielcy myśliciele. Przykleiliśmy się już do tego stanu. Cierpienie nas określa. Stanowi o tym, kim jesteśmy, co przeżyliśmy i czego doświadczyliśmy. Kochamy ten ból. Chowamy go głęboko w środku, a potem opisujemy, klasyfikujemy, nazywamy. Rozmawiamy o nim. Ale tak naprawdę, jeśli się nad tym dłużej zastanowić, wcale nie mamy ochoty się go pozbyć. Uwielbiamy siedzieć i taplać się w błotku. Nie chcemy się wyleczyć. Chcielibyśmy, żeby ktoś do nas przyszedł i powiedział nam, że wszystko jest z nami w porządku. Że nic nie trzeba robić. Że wszystko będzie dobrze. Że problem tkwi nie w nas, ale w kimś innym. Że tak naprawdę to nie my cierpimy – to ktoś inny cierpi i zadaje nam ból.

Ból nie siedzi w tobie, tak? Tkwi w tej drugiej osobie, która ciągle chodzi i rani wszystkich wokół, w tym ciebie. Jesteś po prostu jedną z tych postronnych osób i nic nie możesz z tym zrobić, prawda?

Nieprawda!

Dorośli są fantastyczni. Są mistrzami stagnacji. Marazmu, nudy. Rutyny. Cierpienia. Tak ułożyli sobie świat, że na wszystko znajdą odpowiedź. Na wszystko mają wymówkę. Dla każdego mają etykietkę. Każda sytuacja została przez nich opisana, zaindeksowana i schowana w szufladzie. Wszystko skatalogowane, cały świat. Bardzo ładnie. Każdy najmniejszy szczegół ma swoje miejsce i najważniejsze jest, żeby już tego nie ruszać, nie dotykać. Jest tak, jak ma być. Rzeczywistość poukładana z klocków Lego, tak posortowana, że nie ma miejsca na jakiekolwiek dyskusje. Na jakiekolwiek zmiany. Zarówno w ich głowach, jak i poza nimi.

W tej sytuacji każde przewartościowanie wymaga naprawdę ogromnego wysiłku. W zasadzie im bardziej się ktoś napracował nad poukładaniem sobie świata w głowie, tym trudniej jest go z tego wyciągnąć. To działa jak narkotyk, z tym że mówię o dawce tak konkretnej, że narkoman nawet nie zauważa efektów przyjęcia kolejnej działki. Umysł przyzwyczaja się i zasypia. Ten stan najlepiej opisuje tytuł piosenki Pink Floyd *Comfortably Numb* – to coś w rodzaju „przyjemnego odrętwienia". Pamiętacie przedszkolną zabawę „stary niedźwiedź mocno śpi"? Musimy być bardzo cichutko, żeby tego niedźwiedzia nie obudzić. Jak myślicie, kto jest tym niedźwiedziem?

Nie warto nikogo wybudzać na siłę. Nikt z nas sobie tego nie życzy. „Poukładanych" należy po prostu zostawić w spokoju. Kto chciałby być obudzony w środku nocy hasłem: „Hej! Śpisz?! Nie śpij już! Obudź się w końcu! Nie widzisz, że życie ci umyka?".

•

szczęście

•

Dzieci uwielbiają odkrywać świat. Muszą wszystko zbadać same. Sprawdzić, czy coś parzy, czy nie, wsadzić do ust nowy przedmiot i poczuć smak plastiku. Nowe doświadczenie może być jednak równoznaczne z cierpieniem – coś spadnie na głowę, coś się stłucze, coś nie okaże się smaczne, coś sprawi ból psychiczny. Ale nie szkodzi, dziecko popłacze, nauczy się i pobiegnie sprawdzać, co jest dalej. Ciekawi je, co kryje się w tamtym pokoju, do którego od dawna nikt nie zaglądał. Chce poznać wszystko, co napotka na swojej drodze. Nie ma dla niego rzeczy nieinteresujących. Oczywiście poza tymi, które poznało już wcześniej. Nie bywa znudzone. Przeskoki między szczęściem a smutkiem są nieustanne, jak na sinusoidzie. Życie jest pełne niespodzianek, ciągle coś się dzieje.

Z wiekiem amplituda coraz bardziej się zmniejsza. Zmniejsza się tak bardzo, że w pewnym momencie przypomina już właściwie płaską linię. Jak wykres EKG po śmierci. Nie ma mowy o żadnej sinusoidzie – tylko płaska linia z tendencjami do malutkich podrygów. Nic więc dziwnego, że aby znowu rozhuśtać ją tak, by powróciła do pierwotnego stanu, potrzeba nie lada wysiłku. Wysiłku, który na pewno będzie bolesny. A kto ma ochotę na ból? Czy są jacyś ochotnicy?

Mięśnie podczas ćwiczeń najpierw się rozrywają, a później zrastają. Tak wygląda proces przyrostu tkanki mięśniowej. Jest bolesny i niezbyt przyjemny. Całe ciało może być obolałe. Podobnie jest z wychodzeniem z depresji – też cholernie boli. Tak samo z nałogami. Taki ból jest oczywiście niemierzalny i każdy odczuwa go inaczej, zgodnie ze swoim stanem „uśpienia", pogrążenia w odrętwieniu. Trzeba albo być masochistą, albo po prostu bardzo zdeterminowanym, żeby się z niego wyrwać.

Ale chociaż coachowie tłuką nam do głów, że chodzi przede wszystkim o determinację, nie jestem tego taki pewien. Najważniejsza jest moim zdaniem niezgoda na nieszczęście. Tylko tyle i aż tyle. Czysta, absolutna niezgoda na przeżycie swojego życia w nieszczęściu. Pamiętam, że byłem naprawdę przerażony, kiedy odkryłem, do jakiego stopnia ludzkość godzi się na nieszczęście. Ludzie nie żyją, ludzie grzecznie czekają na śmierć.

Może i to zbyt mocno powiedziane, ale zawsze wierzyłem, że żeby coś przekazać, trzeba być w tym zero-jedynkowym. Otwartym na dyskusję i dalsze tłumaczenie, ale w samym przekazie – zawsze zero-jedynkowym. Skąd zatem bierze się zgoda na śmierć, czekanie na nią w nieszczęściu? Z bezradności. Z braku pomysłu. Z braku wiary w siebie. Braku pewności siebie. Z poszukiwania źródeł tego nieszczęścia w czynnikach zewnętrznych: „Szef mnie wyrzucił z pracy. Mam złe kontakty z dziećmi. Nikt mnie nie lubi. Przyjaciele się ode mnie odwrócili. Nie dostałem tego, co chciałem. Jestem brzydki. Mam stary samochód. Nie mam własnego mieszkania. Żyję na kredyt. Nie mogę pojechać na wymarzone wakacje. Czuję, że się nie spełniam. Nie chce mi się wychodzić z domu. Świat jest przeciwko mnie. Nic nie jest tak, jak powinno być".

Mam takie marzenie, małe marzenie, coś jak list do Świętego Mikołaja. Chciałbym, żeby ludzie zrozumieli, że to, co mają, w zupełności wystarcza do szczęścia. Że nie są gorsi tylko dlatego, że czegoś nie mają. Albo dlatego, że są brzydcy. Albo grubi. Albo mało inteligentni. Albo mało oczytani. Albo niewystarczająco się czymś interesują i w rozmowie wypadają kiepsko. To nie ma znaczenia!

Tak trudno to przekazać słowami. Trzeba tego samemu doświadczyć i zrozumieć, to jedyny sposób. Mogę jedynie próbować, zachęcać do eksplorowania świata i poznawania go na własną rękę. Nie mogę pozostawić nic cenniejszego niż rozrzucone okruszki i zachęta do zgłębiania i korzystania z życia. Róbcie to i nie oczekujcie niczego więcej ode mnie. Róbcie to zawsze dla siebie.

konflikt

Wróćmy do cierpienia. Cierpienie to prawdziwa zmora, zaraza, epidemia. Rozprzestrzenia się jak wirus. Każdy nowo zainfekowany zamienia się w żywego trupa. Chodzi i zaraża innych. Cierpiący żywi się cierpieniem. Jedyną pożywką dla cierpiącego mózgu jest cierpienie innego mózgu. Nic nie sprawia zombiakowi większej radości niż przekazanie cierpienia drugiemu człowiekowi. Myślałeś, że filmy o zombie to science fiction? Nie do końca. To bardzo zgrabna analogia do naszych czasów – świata, w którym żyjemy.

Umarlaki mają bardzo ciekawą zabawę. Uwielbiają ją! Nazywa się „łączenie w grupki".

Ostatnio doszło do konfliktu między dwiema bliskimi mi osobami. Każda jest przekonana o swojej racji. Najpierw doszło między nimi do sprzeczki. Ktoś czegoś nie dopatrzył, zrobił coś źle albo czegoś w ogóle nie zrobił, mniejsza o to. Te dwie osoby rozeszły się w gniewie, przyrzekając sobie, że już do końca życia pozostaną wrogami. Tak bardzo się pokłóciły, że nie mają już nawet ochoty ze sobą rozmawiać. Nie mogą przebywać w tym samym pokoju. Ogólnie – dramat. Co się z nimi dzieje? Od tego momentu noszą w sobie cierpienie, które wytworzyło się w ich sercach za ich zgodą. Nikt tego cierpienia nie wpuścił tam na siłę. Zapewniam, cierpienie przyszło, zapytało, czy może wejść, i dostało pozwolenie. Cierpienie zapytało, czy może zostać na dłużej – i znowu usłyszało „tak".

Obie strony mają teraz swoje wersje wydarzeń. Nieobiektywne, choć każdej osobie jej wersja wydaje się bardzo obiektywna. A jednak jedna i druga, zapytane o to, co się stało, udzielą różnych odpowiedzi. Jak to możliwe? Z pozoru historia będzie właściwie identyczna w obu przypadkach, ale im bardziej zaczniemy wnikać w szczegóły, tym mocniej ta spójność zacznie się rozłazić. Spróbujcie kiedyś obiektywnie i bez emocji wysłuchać dwóch stron konfliktu. Nie dostaniecie historii – dostaniecie cierpienie. Osoba, która będzie o sobie opowiadać, zrobi wszystko, żeby zarazić was swoim bólem. Zrobi też wszystko, żeby przedstawić siebie w jak najlepszym świetle. Podkolorować rzeczywistość. Dlaczego? Dlatego, że najbardziej zależy jej na tym, żebyście przyłączyli się do jej fanklubu pod nazwą „To nie ja jestem zły. To ten drugi jest zły".

Co tymczasem zrobi druga strona konfliktu? To samo. Również będzie starać się powiększyć swój fanklub, posługując się tymi samymi technikami. Każdy na każdego. Dwa oblicza tej samej wojenki.

Cierpiący pozornie odczuwa tylko smutek. Nic bardziej mylnego. W zależności od sytuacji pojawiają się w nim zarówno radość, jak i rozdrażnienie. Radość cierpiącego zombie wyjdzie na jaw, kiedy uda mu się rozszerzyć przestrzeń jego cierpienia o jeszcze jeden umysł – twój umysł. To fantastyczne uczucie, które gasi jego samotność. Miło jest wysysać siły z cudzego organizmu, prawda? A rozdrażnienie?

Pojawia się w sytuacji odwrotnej, kiedy nie zechcesz przyłączyć się do fanklubu. Odmówiłeś. Wolałeś zachować trzeźwy umysł i obiektywizm. Nic bardziej nie wytrąca ludzi z równowagi niż odmowa przyjęcia na siebie ich cierpienia. Naprawdę, spróbuj tylko, a zobaczysz, jak szybko zostaniesz odtrącony. Potraktują cię jak trędowatego i szybko wyrzucą z grupy „zaufanych" i „lojalnych". Szybko staniesz się obcy. Szanowany, owszem, ale obcy. Za każdym razem, kiedy zechcesz pomóc komuś spojrzeć bardziej obiektywnie na jego problem, dostaniesz po łapach. Nikt nie chce twojego obiektywizmu. Wszyscy chcą subiektywnego odbioru ich subiektywnych uczuć.

„Zarażani" są często tego nieświadomi, i to jest prawdziwa tragedia. Nie wiedzą, że właśnie dali się zainfekować skrzywionym, tendencyjnym i często nieprawdziwym obrazem drugiej osoby. „Naprawdę ci coś takiego zrobił? To niesamowite. No popatrz, a taki dobry chłopak zawsze był... To okropne" – zaczynają przytakiwać, klaskać, śmiać się i kręcić głową ze zdumieniem. Postawiono im przed oczami gotowy wizerunek osoby, której nigdy nie widzieli na oczy. Pochłaniają go bez zastanowienia, jak młode pelikany. Na podstawie takiego wizerunku wyrabiają sobie teraz opinię, którą szybko zaczynają mylić z faktami. Staje się on rzeczywistością, a w momencie kiedy coś już stanie się rzeczywistością, niesamowicie trudno jest to rozbić z powrotem na czynniki pierwsze i spróbować ułożyć kostki od nowa. Kiedy spotkają się z obgadywaną już wcześniej osobą na żywo, będą albo jej unikać, albo już na starcie będą do niej negatywnie nastawieni. Tak właśnie rodzą się uprzedzenia i stereotypy.

To niestety nie wszystko. Mózg jest wbrew pozorom bardzo głupi. Nie dajcie się zmylić wszystkim doniesieniom naukowców. Mózg działa wybiórczo, szuka tylko takich informacji, na jakie został nastawiony. Co się dzieje, kiedy mamy już zakodowany w głowie negatywny obraz osoby albo konkretnej grupy społecznej? Zwracamy uwagę tylko na to, co potwierdzi nasze poprzednie przekonania. Nie pytajcie, dlaczego tak to działa – po prostu tak działa. Jeśli w coś wierzysz, zrobisz wszystko, żeby tylko utwierdzić się w swoim przekonaniu. Nie będziesz szukał czegoś, co mogłoby temu zaprzeczyć. Lubisz czuć się mądry i wartościowy, a jeśli ktoś inny mówi ci albo pisze o czymś, w co ty sam wcześniej wierzyłeś – czujesz się jeszcze mądrzejszy. I jeszcze, jeszcze, jeszcze... Aż do bólu. Taki jesteś genialny.

Uwielbiamy czuć się doceniani, wartościowi. Uwielbiamy tych, którzy mają takie samo zdanie jak my. Uwielbiamy tych, którzy cierpią tak samo jak my. Jedyną drogą wyjścia z tego stanu są samoświadomość i zdrowy rozsądek.

•

zmiana

•

Zwykle widzisz to, co chcesz widzieć – odbicie tego, co nosisz w sobie. Kiedy jesteś szczęśliwy, wszędzie dookoła widzisz szczęście. Kiedy jesteś nieszczęśliwy, widzisz nieszczęście. Kiedy jesteś w depresji, u wszystkich dostrzegasz depresję, i tak dalej. Im bardziej nieszczęśliwy jesteś, tym bardziej irytują cię twoi wrogowie – ci, którzy są szczęśliwi. Jesteś przekonany, że udają. Nie możesz na nich patrzeć. Nie możesz, a jednak ciągle patrzysz. Uwielbiasz swoje cierpienie. Paradoksalnie nie chcesz się od niego uwolnić.

Zastanawiałem się, jak to jest możliwe. Jak to działa? Doszedłem do wniosku, że świat jest tak bogaty i rozległy, że nie sposób go ogarnąć umysłem. Jest jak ogromna sieć przeplatających się możliwości. W jednej chwili dzieje się tak dużo rzeczy, że możemy jedynie nastawić nasz „odbiornik" na postrzeganie tego, co jest dla nas ważne. Tę samą rzecz zawsze możemy zinterpretować na setki różnych sposobów, w zależności od tego, co mamy w środku i z czym podchodzimy do tej interpretacji.

Nie staraj się naprawiać rzeczy, które ci przeszkadzają. To się nie uda, przyniesie tylko kolejne frustracje. Jedyne, co możesz zrobić, to przestać zwracać uwagę na te zjawiska, których nie chcesz w swoim życiu. Zmienić możesz zawsze tylko siebie. Kiedy zmienisz siebie, zmienisz świat dookoła siebie. Nigdy nie zmienisz drugiego człowieka. Może ci się wydawać, że go zmieniłeś, ale nawet jeśli ktoś inny przeszedł przemianę z „twoją" pomocą, to tylko dlatego, że sam tego chciał – ty po prostu przypadkiem stanąłeś na jego drodze. Nie jesteś jego wybawicielem ani mentorem. Nie odmieniłeś jego życia za pomocą magicznej różdżki. Sam musiał tego chcieć. Ty tylko przeszedłeś obok. Mógłbym takie teksty przeklejać z inspirujących internetowych cytatów albo z mądrych książek, ale dzisiaj już wiem, że nie ma słuszniejszego zdania niż „Zmień siebie, a zmienisz świat dookoła siebie".

Co znaczy to magiczne „zmień siebie"? Ma tak wiele znaczeń! Na przykład: zacznij dostrzegać, że problem jest zawsze w tobie, nie w drugim człowieku. Zacznij słuchać swojej intuicji i swoich przeczuć. Zacznij robić to, na co zawsze miałeś ochotę. Przestań się przejmować innymi. Przestań się bać. O tym jest ta książka. Wszystko to, o czym piszę, ma pomóc w odkrywaniu znaczenia zdania „Zmień siebie, a zmienisz świat dookoła siebie". Tylko tym zainteresowanym, bo niektórzy już i tak zrezygnowali z czytania.

•

inni

•

Wszyscy szukamy tego samego. Szacunku, akceptacji, zrozumienia, poczucia przynależności. Miłości. Wszystkie te pojęcia są właściwie tożsame. Kiedy otrzymujemy to, czego szukaliśmy, osiągamy podobny stan, a jeśli się to nie udaje, wkraczamy na prostą drogę do nienawiści. Miłość i nienawiść to końce tego samego kija. Dlatego tak łatwo możesz przeskakiwać między miłością i nienawiścią, znowu miłością i znowu nienawiścią. Dopóki nie pozbędziesz się potrzeby akceptacji, dopóty będziesz od tego kija zależny, będzie cię smagał i smyrał jednocześnie. Będziesz czuł się dobrze, żeby za chwilę znowu czuć się źle. Znowu dobrze, a potem znowu źle.

Jesteśmy uzależnieni od innych. Dopuszczamy do tego, że to inni decydują o tym, jak postrzegamy sami siebie. Jeśli nie będziesz pracował nad tym, żeby stanowić o samym sobie, zawsze będziesz zależny od innych. Oddałeś im przecież prawo decydowania! Oddałeś im swój największy dar, czyli wolną wolę. Straciłeś to, co miałeś najcenniejszego w życiu. Jesteś w rękach obcych, którzy mają kontrolę nad tym, co się z tobą stanie: to, jakie wybory podejmiesz, co jest modne, co popularne, co sobie kupisz, jak się zachowasz, z kim będziesz, a z kim nie będziesz się przyjaźnił, na jaką partię będziesz głosował i czy w ogóle będziesz głosował, w jakim domu zamieszkasz, jaką pracę sobie znajdziesz...

Widzisz to? Widzisz, jak bardzo nie decydujesz sam za siebie? Jak bardzo martwisz się o to, co powiedzą inni, jeśli kupisz sobie brzydki sweter? A jeśli komuś się nie spodoba? A jeśli pomyślą sobie, że jesteś gorszy? A jeśli nie będą już chcieli się z tobą przyjaźnić? Co się stanie, gdy ogolisz się na łyso? Co wtedy będzie? Będą na ciebie krzywo patrzeć. Będą cię oceniać. Spróbują wymusić na tobie zmianę. Zrobią wszystko, żebyś dostosował się do ich wyobrażenia na twój temat. Przecież zburzyłeś ich porządek świata. Nie mogą na to pozwolić. Ludzie zrobią wszystko, żeby zmienić innych. Byle nie siebie. Wracaj do szeregu.

Zawsze wydawało mi się, że świat jest przeciwko mnie, że żyję na jakiejś obcej, nieprzyjaznej planecie. Zamieszkałem na niej przypadkiem, urodziłem się przypadkiem i teraz mogę jedynie starać się jakoś dopasować – tak, żeby nikomu nie przeszkadzać. Siedzieć cicho, nie denerwować ludzi, znaleźć sobie jakąś dobrze płatną pracę, nikomu nie wchodzić w drogę, nikogo nie podburzać. Krótko mówiąc, żyć grzecznie i potulnie. Kiedy ktoś na mnie krzyczał, ładnie przytakiwałem, kuliłem się, nie broniłem i pozwalałem, aby sytuacja rozwiązała się sama. Nie wiedziałem, że tłumione emocje potrafią człowieka bardzo skutecznie zamknąć i w rezultacie udupić. Dzisiaj, mimo że nadal nie widzę sensu we wzburzaniu niepotrzebnych fal, potrafię już przynajmniej szanować siebie samego i moje własne niezbywalne prawo do samostanowienia.

•

pieniądze

•

Za każdym razem, kiedy wjeżdżałem do Warszawy, czułem się obco. Czułem się, jakbym przybywał na teren wroga, jakbym nie był tam mile widziany. Rozglądałem się po ulicach i myślałem sobie: „Kurde, co to za miasto? Co ci ludzie tu robią? Krzyczą na siebie, przepychają się, zakładają fałszywe maski, biegają jak w kołowrotku dla szczurów. A jeśli już chcą z kimś szczerze porozmawiać, to muszą mu najpierw zapłacić za sesję psychoterapeutyczną. Dlaczego nie potrafią ze sobą rozmawiać? Dlaczego udają kogoś, kim nie są? Do czego oni dążą? Komu chcą coś udowodnić?".

Nie wiedziałem, że wszystkie te myśli rodziły się w mojej głowie tylko dlatego, że byłem dokładnie taki sam jak oni. A skoro byłem taki sam, to właśnie takie cechy dostrzegałem u innych. Byłem przekonany, że warszawiacy porzucili swoje człowieczeństwo w pogoni za pieniądzem – w poszukiwaniu lepszego życia zapomnieli o tym, że to, za czym tak gonią, jest w nich samych, a nie poza nimi. I jeśli nawet częściowo miałem rację, prawda jest taka, że widziałem rzeczywistość tylko w jednym kolorze. Wymalowałem niemal dwa miliony ludzi tą samą kreską. Stworzyłem sobie w głowie obraz, którego obawiałem się najbardziej, i starałem się wszystkich do niego przyporządkować. Ten obraz był tak naprawdę odbiciem mnie samego.

Przekornie dałem sobie wmówić, że pieniądze dają szczęście. Wcześniej oczywiście powiedziałbym, że pieniądze szczęścia nie dają. Dzisiaj powiem, że do szczęścia prowadzą po prostu różne drogi. Nie sposób wskazać tej jednej, właściwej. Jeśli komuś pieniądze nie są potrzebne do szczęścia – w porządku, przynajmniej ma jeden problem z głowy. Jeśli natomiast komuś są niezbędne – również w porządku. Jeśli tej samej osobie za jakiś czas pieniądze przestaną być potrzebne – OK. Nie ma żadnego eliksiru szczęścia ani złotej rady dla wszystkich. Każdy przeżywa życie na swój sposób. Każdy idzie swoją ścieżką, każdy w swoim tempie. Nie ma sensu nikogo poganiać, przestawiać albo próbować „naprostować" zgodnie ze swoją wolą. Nie służy to niczyjemu dobru. Ani twojemu, ani tej drugiej osoby.

Jak w takim razie wyglądał u mnie proces myślowy pod hasłem „pieniądze i szczęście"? Nigdy nie byłem zachłanny. Nie potrzebowałem dużo. Potrzebowałem zawsze tylko tyle, żeby mieć na życie, samochód, wynajem mieszkania, jedzenie, sprzęt do pracy, urlop raz do roku i nowego laptopa. Nie powiedziałbym, że to wygórowane wymagania. Raczej takie, jakie może mieć dzisiaj każdy. Tyle potrzebne mi było do szczęścia. Byłem przekonany, że kiedy zadbam o te rzeczy, wszystko stanie się jasne, moje życie będzie kolorowe, a ja będę sobie leżał.

No, niestety. Kiedy pieniędzy zaczęło przybywać, choć nigdy nie miałem ich tyle, żeby stworzyły sześciocyfrową liczbę, mój poziom szczęścia nie wzrastał. Nie dość, że nie wzrastał, to jeszcze spadał. Co do cholery?! Tego się nie spodziewałem. Jak to możliwe? Jakim cudem to, do czego wszyscy tak mnie przekonywali od najmłodszych lat, nie daje mi szczęścia? Nie wiem, ale to faktycznie nie działało. Co więcej, pamiętam, że byłem szczęśliwszy, kiedy żyłem z karty kredytowej i wynajmowałem kawalerkę za osiemset pięćdziesiąt złotych. Monika zarabiała wtedy osiemset złotych na rękę. No zaraz, o co kaman?! Dlaczego teraz, choć mieliśmy wszystko, czego chcieliśmy, poza jachtami i złotymi zegarkami, nie byłem szczęśliwy? Stałem na samym szczycie góry, a widok mnie rozczarował. Nie mogłem uwierzyć, że byłem szczęśliwszy, kiedy nie zarabiałem nic, nie byłem pewny jutra i nie miałem normalnej pracy.

Retrospekcja: co w takim razie dawało mi wtedy radość? Po pierwsze – niezakłamany obraz siebie. Nikogo nie udawałem, po prostu byłem sobą. Robiłem to, na co miałem ochotę. Nadszedł czas, kiedy ruszyliśmy z Karolem z „Lekko Stronniczym". Chciałem zrobić program, więc po prostu wziąłem kamerę i zrobiłem. Nie martwiłem się o nic. Nie mam pojęcia, co ja miałem wtedy w głowie, że nie czułem strachu. Miałem osiem tysięcy debetu na koncie, a jakoś się nie martwiłem, jakim cudem zamierzam to spłacić. Wszystko było klarowne, nie dręczyłem się pytaniami o finanse.

Po drugie – relacje z najbliższymi. Były niezachwiane, bez domysłów, bez podtekstów, bez wzajemnych oskarżeń. Nie wykluczam oczywiście, że jakieś niedopowiedzenia w tych relacjach mogły istnieć, ale nie w mojej głowie. Nie dopuszczałem ich do siebie, ponieważ byłem totalnie nieświadomy. Nie spodziewałem się nawet, że można mieć z kimś nieszczere relacje. Ignorancja jest błogosławieństwem, jak mówią. Owszem, ale do czasu. Przyjemnie jest spać, ale kiedy życie zacznie cię w pewnym momencie samo wyrywać ze snu, zrobi się nieprzyjemnie. Tylko od ciebie zależy, czy zechcesz się obudzić, czy wolisz opierać się tej sile i dusić ją w sobie. Zupełnie tak, jak każdego poranka.

Każdy poranek jest jak życie samo w sobie. Albo się ociągasz, albo po prostu wstajesz. Albo przestawiasz budzik co dziesięć minut, albo się podnosisz. Albo wyłączasz ten budzik całkowicie i zostajesz w łóżkowym marazmie przez następne dwie godziny, by w końcu dojść do wniosku, że nie chce ci się żyć, albo biegniesz do łazienki, żeby się umyć. Wybór zawsze należy do ciebie, do nikogo innego. Nikt nie będzie cię na siłę wyciągał. Nawet jeśli ktoś będzie przechodził obok twojego łóżka i głosił prawdy objawione, tylko od ciebie zależy, czy zrobisz z nich użytek, czy nie.

•

wyścig

•

Biegłem bardzo szybko. W pewnym momencie spojrzałem za siebie, lecz z tyłu już nikogo nie było. Straszne uczucie.

Nie wiem, skąd się wzięła u mnie ta potrzeba udowadniania innym, że jestem od nich lepszy. I nie mówię tego po to, żeby się nad sobą użalać. Opisuję po prostu wszystko to, co siedzi mi w głowie, a do czego bałem się zawsze przyznać przed samym sobą. Chciałem być najlepszy. Najlepszy w tym, tamtym i tak dalej. Nie zrozumcie mnie źle: nie ma nic złego w chęci rozwijania swoich umiejętności. Ale jeśli ta chęć jest podyktowana wyłącznie potrzebą udowodnienia czegoś, wtedy wszystko zaczyna się walić. Nie traktujesz wtedy porażek jako możliwości wyciągnięcia wniosków, lecz przeżywasz je bardzo osobiście. Godzą one w twoje jestestwo, zabijają chęć dalszego rozwoju. Wiercą tak głęboką dziurę w środku, że nie zostaje tam w końcu nic, w czym można by wiercić.

Co może być takim udowadnianiem? Wszystko! Chęć zdobycia jak największej liczby wyświetleń, lajków, komentarzy. Wyznacznikiem stają się opinie najbliższych, opinie autorytetów.

Opinie autorytetów potrafią naprawdę mocno kaleczyć. Jeśli ktoś, kogo bardzo cenisz, uzna, że to, co robisz, jest słabe, czujesz się, jakby świat się zawalił. Jeśli działasz nie dla samej przyjemności działania, ale tylko po to, aby podobało się innym – przegrałeś. Przegrałeś i to tak bardzo, jak tylko potrafię to wyrazić słowami. Mało tego, dopóki będziesz stosował taką strategię, dopóty będziesz przegrywał. Cieszyć cię musi sam proces. Zawsze p-r-o-c-e-s. Nigdy wynik! Zapomnij o jakimkolwiek wyniku. Możesz sobie wyznaczyć cel, ale nie wynik.

Wyobraź sobie, że dostajesz robotę do wykonania – najnudniejszą, jaką jesteś w stanie sobie wyobrazić. Nie masz żadnej motywacji, żeby ją wykonać, ale wiesz, że musisz to zrobić. Powiedzmy, że musisz wyplewić ogródek. Zabierasz się do tego. Nienawidzisz tego, co robisz, ale już chodzi ci po głowie myśl, jak przyjemnie będzie, kiedy skończysz. Tworzysz sobie w głowie obrazy. Myślisz o tym, co będziesz robić potem. Marzysz o tych wszystkich czynnościach, które na pewno będą milion razy ciekawsze niż to, co robisz teraz. Byleby nie plewić ogródka, byle jak najprędzej z niego uciec. Wreszcie kończysz z chwastami, wstajesz – i dopiero w tym momencie czujesz radość. Czujesz, że teraz wreszcie możesz się udać do swojej wymarzonej czynności. I co? Przegrałeś!

Miałem dokładnie tak samo. Robiłem coś, ale duchem byłem nieobecny – myślałem już o kolejnych rzeczach. Zastanawiałem się, gdzie wolałbym być zamiast siedzieć tu, gdzie teraz. Co mógłbym robić, gdybym nie robił tego, co w tej chwili. O ile lepiej mogłoby wyglądać moje życie, gdybym był w innym miejscu. W głowie miałem zawsze coś innego, przed oczami coś innego.

I właśnie ta rozbieżność między myślami a rzeczywistością jest, moim zdaniem, główną przyczyną stresu, apatii i wszystkich innych syfów. Nie widzisz tego, co jest teraz, ale starasz się zrobić wszystko, żeby tylko zmienić to, co jest przed tobą. Nie godzisz się na to, co masz. Zastanawiasz się, gdzie mogłeś popełnić błąd w przeszłości albo co dobrego możesz zrobić w przyszłości. Nigdy tu i teraz.

Nie jestem psychologiem, więc proszę nie wierzyć mi na słowo. Proszę przeczytać ulotkę lub skonsultować to ze swoim farmaceutą. On na pewno będzie wiedział.

•

zgrzyt

•

Dlaczego tak rzadko używamy w Polsce słowa „pokora”? Kurde, to słowo nawet wygląda tak, jakby było z jakiejś poprzedniej epoki. Pokora. Średniowiecze czy jak? To chyba coś, czego używali nasi dziadkowie. A przecież w angielskim co chwila używa się zwrotu „I'm humble”. Jak to przetłumaczyć na nasz język? Jestem pełen pokory? Mam w sobie pokorę? Noszę pokorę? Jestem pokorny? Bez sensu. Nikt tak nie mówi. A przez to, że nikt tak nie mówi, nie mamy nawet szansy zastanowić się, co się za tym słowem kryje. A kryje się tak wiele!

Życie niejednokrotnie udowadniało mi mój brak pokory. Raz po raz dostawałem znaki, że jestem zapatrzonym w siebie bucem, który ma w dupie to, co czują i mówią inni. Mogę wyliczyć co najmniej kilka sytuacji, w których zachowałem się jak pępek świata. Opiszę tylko jedną. Była pierwsza w nocy, siedzieliśmy z Jakubem Dębskim w Tap Housie – to taka knajpa piwna na krakowskim rynku. Wyszliśmy na zewnątrz. Podeszła do nas starsza pani i poprosiła o pieniądze. Odpowiedziałem, że nie mam (chociaż miałem). Pani odeszła. Wróciliśmy do stolika. Jakub spojrzał na mnie:

– Ale potraktowałeś tę żebraczkę, stary!
– Ja? A co takiego zrobiłem? – zapytałem zdziwiony.
– Potraktowałeś ją strasznie z góry – odpowiedział.

Osłupiałem. Zacząłem się bronić. Że niby jak? Co ja jej takiego zrobiłem? Przecież jest żebraczką. Jak inaczej mógłbym ją potraktować? Czy zasłużyła sobie może na specjalne traktowanie? Nagle coś się we mnie przestawiło. Poczułem się, jakby ktoś skręcił mi kiszki, złapał je i ścisnął z całej siły. Argh! Jakiś okropny ból wypełnił moje ciało. Czułem się fatalnie. Pamiętam, że nigdy w życiu nie poczułem czegoś tak negatywnego.

W drodze powrotnej do domu nie potrafiłem myśleć o niczym innym. Nie mogłem się od tego uwolnić. Potrzebowałem zrozumieć, co się właśnie stało. Dotarło do mnie, że nie chodziło nawet o słowa, których używałem, ale o całą moją postawę. Postawę wyższości. Wyrażoną niewerbalnie w emocjach, nastawieniu, tonie głosu, gestykulacji i całej reszcie. Słowa w całym komunikacie werbalnym niosą zaledwie dziesięć procent znaczenia. Zrozumiałem, że nie trzeba nic mówić, żeby wzbudzić w kimś to wspomniane poczucie niższości. Ale zanim dojechałem do domu, wszystko, co do mnie dotarło, zdążyło już stracić sens.

Całe to doświadczenie nie przyniosło spodziewanych rezultatów. Mogłem wyciągnąć wnioski. Dostałem szansę, mogłem z niej skorzystać, stać się lepszym człowiekiem. Zacząłem jednak, jak zawsze, szukać argumentów, żeby udowodnić przed samym sobą, że nie jestem wcale taki zły. Nie było to specjalnie trudne zadanie. Nawet morderca może bez trudu ułożyć w głowie pozytywny obraz swojej osoby. Wystarczy, że wyłuska z pamięci te chwile, kiedy wspomina siebie najlepiej. A ja? Przecież w tylu sytuacjach byłem świetny, wtedy i wtedy, proszę bardzo! Jak mogę traktować ludzi z góry, skoro zrobiłem w życiu tyle dobrego? Wynajdywanie argumentów na swoją niewinność to wyjątkowo podstępna pułapka. Przypomina przykrywanie śmierdzącego kupska grubą warstwą spłowiałych liści. Z każdym kolejnym dniem moje uczucie pokory zaczęło coraz bardziej słabnąć. Wygasało dzień po dniu, żeby już po tygodniu kompletnie zniknąć. Zapomniałem zupełnie o tym, że potraktowałem kogoś z góry. Przecież jestem czysty.

Ten schemat powtarzał się za każdym razem, kiedy zdarzyło się coś podobnego, nawet w miejscu publicznym. Dostaję od życia informację zwrotną, że brakuje mi pokory. Mielę to w sobie. Czuję się jak gówno. A później robię wszystko, żeby schować głęboko to, co się stało. Tak, żeby smród mnie nie dosięgnął. I wiecie co? Nieważne, jak mocno staramy się to ukryć – co ma wypłynąć, zawsze wypłynie na wierzch. Nie można tego uniknąć, nie da się tego utopić. Pod inną postacią, w innej sytuacji, ale zawsze wypłynie. A jednocześnie za każdym razem będzie to nowa szansa: albo wyciągniemy wnioski, albo znów schowamy poczucie winy jeszcze głębiej. Nierozwiązane problemy wychodzą na jaw na przeróżne sposoby i pod różnymi postaciami, nawet jako durna kłótnia o zbitą szklankę – ale zawsze wychodzą. Nie można od tego uciec. Myślisz, że faktycznie pokłóciłeś się z kimś, bo zostawił po sobie nieumyte naczynia w zlewie? Na pewno? Nigdy nie chodzi o takie pierdoły.

Można by zapytać, dlaczego nie potrafiłem od razu zrozumieć, o co chodzi. Bo to boli, i to takim przeszywającym bólem, który wywraca na drugą stronę. Zrozumienie i wyleczenie się z niego wymaga wbrew pozorom jeszcze większego bólu. Musisz się przyznać do porażki, kajać się, przeprosić. Czy jesteś na to gotowy? Absolutnie nie. Nigdy tego nie zrobisz! Nigdy się nie złamiesz! Nie ma takiej siły, która wywołałaby w tobie skruchę.

Dlatego właśnie łagodzimy nasz ból. Znajdujemy sobie przeróżne kłamstewka, z którymi łatwiej nam się idzie przez świat. Łykamy te nasze iluzje – nasze „środki nasenne" i „tabletki przeciwbólowe". Nie chcemy wyciągać wniosków i nauki. Mamy gotowe wymówki, tak na wszelki wypadek, gdyby ktoś po raz kolejny wytknął nam tę samą rzecz. Powiedzcie teraz, że nie mam racji. Ciągle szukamy odpowiedzi, które pomogą nam odbić retorycznie argument, że coś jest z nami nie tak. Przygotowujemy się do kolejnej wojny.

•

maski

•

Każdy z nas ma w głowie jakiś konkretny, ukształtowany obraz samego siebie i naprawdę nieliczni są w stanie go zakwestionować. Pielęgnujemy jakieś wyobrażenie o sobie: o tym, jak wyglądamy, co lubimy, czego nie lubimy, w co się ubieramy, jakich mamy przyjaciół, jaką mamy historię i co nas czeka w przyszłości. Im bardziej zastygły jest ten obraz, z tym większą trudnością przychodzi nam wykonanie jakiegokolwiek ruchu, tym trudniej jest zrzucić ten ciężar, który zdążyliśmy już w życiu nagromadzić. Ludzie nie cierpią zmian, bo wiedzą, że tak dużo zainwestowali już w coś, co ich określiło: „Nie mogę zrezygnować z tej pracy, bo poświęciłem jej już tak wiele"; „Nie mogę się z nią rozstać, bo jesteśmy razem już dziesięć lat"; „Nie mogę zacząć biegać, bo całe życie mówiłem, że nie lubię biegania". Jakie to ma znaczenie? Im bardziej się do czegoś przywiązujesz, tym bardziej jesteś zniewolony przez tę rzecz. Im bardziej w coś wierzysz, tym mocniej cię to ogranicza.

Pomyśl, jak fantastycznie byłoby móc zrobić to, na co masz ochotę. Nie martwić się o to, że „nie pasuje" to do twojego wyobrażenia o samym sobie. Że to nie w twoim stylu, że na pewno by ci się nie spodobało, że to nie dla ciebie. Pomyśl o tym! Dobrze wiesz, że to uczucie daje lekkość, uwalnia, sprawia, że unosisz się nad ziemią. Po co się mu opierasz?

Dlaczego stroszysz piórka? Dlaczego trzymasz się kurczowo czegoś, czego tak naprawdę nie lubisz? Nie rozumiem. Ty też nie?

Jakie są konsekwencje niesłuchania siebie? Dla mnie były takie, że inni mieli mnie za kogoś, kim naprawdę nie byłem. Im mniej słuchałem siebie, tym bardziej zakłamany był mój obraz na zewnątrz i wewnątrz. Mój zewnętrzny wizerunek różnił się od tego, kim się naprawdę czułem. I tylko ja wiedziałem, że coś tu nie gra – inni nie mieli o tym pojęcia. Wewnętrzny zgrzyt jeszcze trudniej znieść. Potrafi doprowadzić człowieka do niezłej frustracji. Wiesz, że robisz coś wbrew swojej woli. Że się nie kontrolujesz. Jak narkoman. Chcesz przestać, a jednak nie możesz. I to właśnie ten wewnętrzny zgrzyt był dla mnie najtrudniejszy do zniesienia.

W pewnym momencie nie wiedziałem już, kim jestem. Nie miałem zielonego pojęcia, czy lubię to czy tamto, czy wolę przebywać z takimi ludźmi czy z innymi. Nie znałem siebie kompletnie. Nie wiedziałem, co sprawia mi przyjemność. Nie wiedziałem, co mam robić w życiu. Nie potrafiłem się określić. W liceum znałem się doskonale. Może miałem problem z wyrażeniem tego, ale wiedziałem tyle, ile potrzebowałem. Im bardziej zacząłem wsiąkać w życie innych i pozwalałem sobą sterować, tym bardziej zatracałem świadomość samego siebie.

Najtrudniejsze było dla mnie zrzucenie maski. Poczułem to, gdy skończyłem montować wcześniej nagrany odcinek *Jak zostać YouTuberem, cz. I*. Niby poradnik, a jednak wyjście z szafy. Można sprawdzić na YouTubie, jeśli ktoś potrzebuje.

To było jak jakiś bolesny detoks. Niełatwe przeżycie. Chodziłem z kąta w kąt i chciałem tylko przytulać się do żony. Zrozumiałem, że gdy to opublikuję, nie będzie już odwrotu. Przyznałem, że to, co wcześniej robiłem, nie było w pełni zgodne ze mną. Że biegałem za smokami, że zależało mi na władzy, na kontroli, na byciu fajnym i lubianym. Że miałem w dupie innych i myślałem tylko o sobie. Nie ma oczywiście tego wszystkiego wprost w tym nagraniu, ale takie emocje mną targały. Miałem wrażenie, że zrzucam pancerz i staję całkowicie nagi przed wszystkimi. Z wystawionym w przód siurkiem, nie mając nic do ukrycia. Nie starając się być kimś więcej, niż faktycznie jestem.

Było to dla mnie naprawdę jedno z najbardziej dramatycznych przeżyć w życiu. Niby taka pierdoła. Powiedziałbym, że był to mój pierwszy krok w dobrą stronę. W stronę światła, jak to się zwykło mawiać w odniesieniu do duchowości. Wiedziałem, że dobrze robię, dlatego to zrobiłem, ale bałem się niemiłosiernie. Cały się trząsłem. Potrzebowałem miłości, potrzebowałem żony. Na szczęście była obok. Oczywiście po publikacji sprawdzałem komentarze i liczbę lajków. To był, jak sądzę, główny powód strachu. Co ludzie pomyślą? Jak mnie określą? Czy się odwrócą? Czy mnie przeklną? W kółko zadawałem sobie takie pytania.

Nie wiedziałem jeszcze wtedy, że z króla zamienię się w biedaka. Nie dosłownie, lecz metaforycznie. Dlaczego ludzie nie chcą się wybudzać? Bo we śnie są królami, a gdy się obudzą, to zostają biedakami. Kto by tego chciał? Nikt. Kiedy zostajesz biedakiem, nie masz już o co walczyć, nie musisz prowadzić wojen. Nie masz powodu do żalu, kłótni, nie musisz się już ukrywać. Przestajesz się bawić w tę grę i zaczynasz żyć tak, jak sobie tego życzysz. Nawet jeśli miałbyś z powrotem wrócić na tron jako biedak, to nie będziesz już tym samym królem. O nie. Będziesz królem pełnym empatii i prawdziwej miłości. Przestaną kierować tobą żądza władzy, chciwość i zazdrość. Będziesz po prostu sumiennie wykonywał swoje obowiązki, bo wiesz, że nie robisz tego tylko dla siebie. Robisz to też dla innych, głównie dla innych. Dostrzegasz już, że jesteś tylko pionkiem, pośrednikiem, nic nieznaczącym małym ziarnkiem grochu. Nie stoisz na szczycie żadnej piramidy. Nie ma żadnej piramidy. Są tylko ludzie.

•

egoizm

•

W życiu trzeba być egoistą. Dlaczego piszę, że trzeba być egoistą, a jednocześnie twierdzę, że powinniśmy żyć w miłości i wzajemnym poszanowaniu? Trudno to wytłumaczyć. Kiedy pierwszy raz o tym usłyszałem, byłem przekonany, że nie ma większego kłamstwa na tej ziemi. Jak ktoś może mówić, że w życiu trzeba być egoistą? Zaprzecza to wszystkiemu, co słyszymy od maleńkości. Czysty satanizm, prawda? Od dziecka przecież uczą nas, żeby kochać drugiego człowieka, pomagać mu w potrzebie i szanować go w każdej sytuacji. I owszem, wszystko się zgadza. Ktoś tylko zapomniał dodać, że świat jest nieco bardziej skomplikowany. Człowiek wrażliwy, skłonny do dawania może zapomnieć całkowicie o sobie i dać się rozszarpać innym. Na własne życzenie może doprowadzić do tego, że stanie się ich sługą. Nigdy się nie sprzeciwi, nie będzie asertywny, nie dowie się, że może mieć własne zdanie. Nie będzie czerpał radości z życia, tylko biegał w kółko i starał się naprawić rzeczy, które nie wymagają naprawy.

Ludzie niestety nie chcą wziąć losu we własne ręce. Chcą, żeby ktoś rozwiązał problemy za nich. Wolą oddać swoje życie komuś innemu. Ale tak się nie da. Nie można rozwiązać problemu za kogoś, nawet udzielając mu prostej pomocy. Jeśli potrzebujący jest bierny, wszystkie zabiegi i tak pójdą na marne. Jedyne, co można zrobić, to wzbudzić w drugim człowieku wolę walki, nauczyć go polegać na sobie. Nie trzymać go wiecznie za rękę. Pozwolić mu wydorośleć i wziąć sprawy w swoje ręce.

Dlaczego gloryfikujemy ludzi, którym „się udało"? Jak myślisz? Dlaczego chcemy być jak najbliżej takich osób? Dlaczego robimy sobie z nimi zdjęcia? Dlaczego czytamy o nich artykuły? Dlaczego interesuje nas ich życie? Bo wydaje się nam, że mogą nam dać coś, czego nie mamy. Łudzimy się, że wciągną nas na pokład swojej boskości, że wyjdziemy z dołka, a nasze problemy staną się odległym wspomnieniem. Wyobrażamy sobie, że wystarczy jeździć drogimi samochodami, spać w najlepszych hotelach, mieć wszystko, czego zapragniemy, a życie się odmieni. Jesteśmy przekonani, że do szczęścia jest nam potrzebny cały dobrobyt świata materialnego, i lgniemy do niego. Mówię też o kontaktach i znajomościach. W jak fantastycznym kręgu musi się obracać ta osoba, której blask nas tak pociąga! Myślimy: „Jeśli tylko mnie zauważy, zawiesi na mnie wzrok choć przez chwilę, już nigdy nie będzie tak samo". Zachowujemy się jak księżniczki, które czekają na swojego księcia z bajki – takimi motywacjami się kierujemy.

I tego właśnie oducza zdrowy egoizm: zostaw innych ludzi w spokoju, przestań zrzucać na nich swoje zmartwienia i odwrotnie, nie rozwiązuj na siłę ich problemów. Zajmij się sobą. Duchowość uczy zrozumienia, że jesteśmy czymś więcej niż tylko zwierzętami. Ego w duchowości jest bardzo często przejawem naszej zwierzęcej natury. Natury, która mówi nam, żeby nigdy nikomu nie ufać, dbać tylko o własne interesy i skakać sobie do gardeł. A przecież nie chodzi o to, żeby się nażreć. Nie chodzi o to, żeby zaimponować drugiemu zwierzakowi ładnymi piórkami. Ani o to, żeby zabrać komuś i samemu mieć więcej. Duchowość uczy bycia czymś więcej niż tylko ogniwem łańcucha pokarmowego na ziemi. Uczy, że jako gatunek dominujący na tej planecie mamy przed sobą pewne zadanie do wykonania. Mamy zachowywać się jak dobry król. Taki, którego szanują poddani, nie spiskują przeciwko niemu, są z niego dumni. Król, który nie wywyższa się nad swój lud. Któremu wszyscy mieszkańcy królestwa życzą, żeby żył jak najdłużej.

Każdy z nas jest królem. Mamy zajmować się wszystkim dookoła, ale bez przekonania, że jesteśmy lepsi od innych. Jesteśmy królami tej ziemi, a zachowujemy się jak hieny, które marzą tylko o tym, żeby pozagryzać się nawzajem.

•

przyciąganie

•

Pewnie słyszeliście o *Sekrecie* i cudownej metodzie opartej na prawie przyciągania. Obejrzałem film, jest bardzo przystępny dla laików i momentami nawet zabawny. Można by pomyśleć, że morał z niego taki: trzeba zamknąć się w pokoju, wyobrazić sobie nowe auto i ktoś nam to auto za kilka dni podstawi pod dom. Hokus-pokus! Ale mimo wszystko myślę, że ten film zrobił wiele dobrego. Do mojej przemiany też na pewno dorzucił swoją cegiełkę. Wydaje się nieprawdopodobny, ponieważ okazuje się kolejną metaforą: „Możesz dostać od świata wszystko to, o co prosisz. Wystarczy, że będziesz tego bardzo mocno pragnął".

Mam jednak nadzieję, że nikt nie potraktuje tego filmu w stu procentach poważnie. Bo chodzi tu znowu o coaching. Zadanie jest przecież jedno: pokazać ludziom, jak się odblokować, wyjść z dołka, który sami sobie wykopali. Albo przynajmniej spróbować przekazać im, że mogą mieć w życiu to, czego chcą. Wystarczy tylko przekierować swoją uwagę. Nie karmić negatywnych myśli, lecz pielęgnować pozytywne. Tak jak wszystko w naturze, negatywne myśli też mogą zanikać. Rozwijane się rozwijają, nierozwijane zanikają. Niby takie proste, nie? No, nie jest to niestety aż takie proste, nie w każdym przypadku. Jak to wytłumaczyć komuś z ogromnym kredytem na głowie? Komuś bez pracy, kto nie wierzy w lepsze jutro? Komuś zahukanemu przez społeczeństwo? Jak to przekazać? Na pewno miłością i słuchaniem, nie krzykiem i wywoływaniem w nim poczucia winy.

Mówiłem już o tym, jak bogaty jest świat, i że jego odbiór możemy nastroić według własnego upodobania. Prawo przyciągania mówi tylko, że twoje życie i twoja rzeczywistość są tylko odbiciem twoich myśli. To stwierdzenie znajdziemy u wielu filozofów, w Kabale i buddyzmie. Jeśli zapraszasz coś w myślach do swojego życia, to za jakiś czas to coś się tu pojawi. Ten proces niestety nie jest inteligentny ani selektywny. Nie rozpoznaje tego, co chcesz, i nie wyrzuca tego, czego nie chcesz. Nie rozumie zdania: „Nie znoszę spotkań z Michałem". Myśląc „Nie znoszę spotkań z Michałem", dostaniesz więcej takich myśli i spotkań z Michałem, których nie znosisz. Narzekać jest łatwo. Każdy to potrafi. Spróbuj nie narzekać i znaleźć rozwiązanie. Sam. Nie zrzucaj winy na Michała.

•

sukces

•

Mówi się, że jesteśmy w stanie naprawdę sporo wybaczyć. Możemy wybaczyć zdrady, porażki, przewinienia, nawet zabójstwa. Ale jeśli jest jedna rzecz, której nie jesteśmy w stanie wybaczyć, to jest nią sukces. I prawda, że zawsze znajdą się tacy, którzy będą chcieli ściągnąć w dół każdą osobę, której się w życiu „udało". Nie spodobało im się to, że opuściła ich grupę, wydostała się z kręgu ubóstwa i poszła w świat się realizować.

Żyjemy w religijnym kraju. Jesteśmy, bądź co bądź, przywiązani do tradycji, do rodziny. Nie podoba nam się, kiedy ktoś opuszcza swoje środowisko w poszukiwaniu nowego. Po co to robi? Czym się kieruje? Źle mu było z nami? Czegoś mu brakowało? Czy problem tkwi w nas czy w nim? To są pytania, na które często nie znajdujemy odpowiedzi. Czasami w takiej sytuacji wypełniamy sobie głowę hasłem: „Zaprzedał duszę diabłu". Chcemy wierzyć, że osoba, która osiągnęła sukces, jest nieszczera, posługuje się kłamstwami, manipuluje innymi, i tak naprawdę nie jest szczęśliwa. Sądzimy, że jest zagubiona i trzeba jej pomóc. Wierzymy w to nawet podświadomie, także ateiści dopuszczają myśl o „diabelskich sprawkach". Sukces po prostu kojarzy nam się źle. Jest zabarwiony na krwawoczerwono.

Na tyle, na ile ja już rozumiem świat, to tylko połowa prawdy. Owszem, jest całkiem sporo ludzi, którzy zaprzedali duszę diabłu i nie są szczęśliwi pomimo bogactwa. Ale jest też naprawdę pokaźna grupa, która spełnia się, realizując swoje pasje i zarabiając pieniądze w zasadzie przy okazji. Nie potrafimy wybaczyć sukcesu, w którym nie możemy dopatrzyć się wartości. Czy ktoś ma problem z osiągnięciami Ryszarda Kapuścińskiego, Czesława Miłosza, Wisławy Szymborskiej? Czy ktoś nie potrafi im wybaczyć sukcesu? Wątpię. Bo powszechnie wiadomo, że robili to, co robili, z czystym sercem, szczerze. Nikt nie posądzał ich o fałsz. Ale czy potrafimy wybaczyć sukces przypadkowej gwieździe show-biznesu, która jednego wieczoru pojawiła się na ściance z innymi gwiazdami? Nie potrafimy. Bo mamy wrażenie, że oszukuje. Nie walczy o swój status jak my wszyscy. Poszła na skróty. Nie trzyma się reguł.

My tu gnijemy za tysiąc trzysta złotych miesięcznie, a ona dostaje dziesięć razy więcej za pojawienie się na jednym evencie. Gdzie tu sprawiedliwość? Nie ma. Częściowo dorosłość polega na akceptacji świata, w którym sprawiedliwość jest pojęciem względnym. Jej granica nieustannie się przesuwa i nigdy się nie ustabilizuje. Życie byłoby szare i nudne, gdyby panowała wszechobecna sprawiedliwość.

•

pomaganie

•

Czy altruiści są sprytni? Mogą przecież z łatwością oszukać społeczeństwo, że są dobrymi ludźmi. Dlaczego pomagają potrzebującym? Bo widzą cierpienie i chcą pomóc, prawda? Sprawia im przyjemność sam fakt pomagania. Cieszy ich to, co robią, niezależnie od tego, czy jakiś potrzebujący z tej pomocy skorzysta czy nie. W porządku. Jeśli tutaj historia się kończy, to fantastycznie. O to właśnie chodzi i to jest prawdziwy altruizm.

Kiedy jednak altruista nie czerpie przyjemności z pomagania, pojawia się fałsz. Jeśli działa tylko po to, żeby poczuć się lepiej, żeby zobaczyć wdzięczność, żeby sprawić wrażenie „dobrego" człowieka, to przegrywa. Nie cieszy go sama czynność, którą wykonuje. Nakręca go tylko sam fakt, że pomaga, i oczekiwanie na rezultat.

Anna Dymna tak pięknie mówi o czynieniu dobra i nie kieruje się potrzebą tego, by jej praca została doceniona. W wywiadzie *Pomaganie to jest zwykła rzecz*, którego udzieliła Konradowi Kruczkowskiemu na blogu „HaloZiemia", powiedziała, że nie ma nic nobilitującego w pomaganiu drugiemu człowiekowi. Jest to najzwyklejszy odruch serca, który każdy powinien nosić w sobie. Ujęła mnie swoją pokorą, normalnością i człowieczeństwem, a także tym, że jest wierna swoim przekonaniom w obliczu ludzkiej głupoty, zawiści i agresji. Nie czuje złości do osób, które ją atakują. Współczuje im, bo noszą w sobie ból. Ma w sobie tyle wrażliwości i delikatności, że chciałbym ją kiedyś przytulić (jeśli nadarzy się okazja).

Największą radością w życiu zawsze jest dawanie. Dawanie nieobarczone czekaniem na zysk. Jeśli pomagasz komuś z nadzieją, że ci za to podziękuje, to tak naprawdę nie chciałeś dawać. Chciałeś brać. Chciałeś brać wdzięczność, a teraz będziesz zły, jeżeli nikt ci nie podziękuje za pomoc. Pomoc, która jest czystym dawaniem, oznacza jednocześnie, że zostawiasz człowiekowi wolną wolę. Może zrobić z twoją pomocą, co mu się podoba, może ją także odrzucić. Jeśli podarujesz komuś koszyk warzyw, a on się go pozbędzie, nie powinno mieć to dla ciebie żadnego znaczenia. To już nie był twój koszyk, oddałeś go. Przecież cieszy cię samo pomaganie.

Mało brakowało, a sam wpadłbym w taką pułapkę. Na szczęście w porę się zorientowałem. Któregoś dnia stwierdziłem, że skoro jest tyle cierpienia na świecie, chciałbym czynnie pomagać innym – tak wpadłem na pomysł założenia fundacji. Zbadałem temat, sprawdziłem, co trzeba załatwić, napisałem statut. I co? I zrozumiałem, że tak naprawdę nie zakładam tej fundacji po to, żeby pomagać ludziom bezwarunkowo. Zakładam ją po pierwsze, żeby się nią zajmować, a więc dla samego faktu robienia czegoś takiego. A po drugie po to, żeby czuć się docenionym, żeby ludzie mówili: „Włodek jest takim dobrym człowiekiem, tak dba o innych. Jak może być zły, skoro pomaga innym?". Kurde, mógłbym bić żonę albo trzymać ją w piwnicy, wciągać kilogramami narkotyki i okradać staruszki z Nowej Huty, ale skoro mam fundację, to znaczy, że jestem dobrym człowiekiem, prawda? Za często wpadamy w taką pułapkę myślową. Dopisujemy człowiekowi jakieś cechy tylko na podstawie tego, czym się zajmuje zawodowo. A to przecież nie ma znaczenia i jeszcze o niczym nie świadczy.

•

różnice

•

Nauczyłem się podchodzić zupełnie tak samo do pani na kasie, jak do biznesmena z milionami na koncie. Dziś już nie widzę różnicy między tymi ludźmi. Wcześniej oczywiście biznesmena traktowałbym z szacunkiem, chciałbym go poznać, chwaliłbym go w rozmowach z innymi, patrzyłbym na niego i myślał sobie: „Ależ fajnie byłoby być nim". A po kiego wała miałbym być nim, skoro mogę być sobą? Wiem, że brzmi to jak truizm, no ale po co? Po co patrzymy na kogoś i zastanawiamy się, jak czulibyśmy się w jego butach?

Robimy to dlatego, że nie godzimy się na własny los. Nie patrzymy na to, co mamy przed sobą w danej chwili. Budujemy w głowach obrazy tego, co chcielibyśmy mieć. Byleby nie być tu i teraz. A co jest nie tak z panią na kasie? No właśnie. Nic! Co jest złego w pani, która podaje ci kawę w kawiarni? Nic! Co jest złego w panu, który chodzi i sprząta ulice? Nie ma żadnego znaczenia, co kto robi. Czy można odczuwać radość, pracując na kasie? Jestem przekonany, że tak. Czy kiedyś to robiłem i próbowałem przeżyć za minimalną pensję? Nie. To skąd wiem? Bo wiem, bo jestem przekonany, że można być szczęśliwym także wtedy, kiedy się zbiera mech o czwartej nad ranem, żeby dostarczyć go do restauracji.

Cieszyłbyś się, gdyby kazali ci zbierać mech o czwartej nad ranem? Nie. A jest osoba, którą może to cieszyć, ponieważ lubi kontakt z naturą i robiłaby to nawet za darmo. Jeśli cieszy cię kontakt z ludźmi, to praca na kasie może być naprawdę fantastyczną sprawą. Jeśli cię nie cieszy, ta praca nie jest dla ciebie. Jeśli cieszy, ale wkurza cię, że mało zarabiasz, zmień pracę. Nikt nie rozwiąże twojego problemu za ciebie. Powiesz, że łatwo mi mówić. Oczywiście, inaczej byś mnie nie słuchał. Żyjemy w takim systemie, że aby kupić moją książkę, musiałeś mnie wcześniej znać. Nie przeczytałbyś tego, gdybym był zwykłym kloszardem. Miałbyś w dupie, co mam do powiedzenia. Ale gdybym był kloszardem, który „nagle odmienił swój los i został multimilionerem!", to ustawiłbyś się w kolejce już dzień wcześniej, żeby tylko dowiedzieć się, jak możesz odmienić swój los.

Opowiadam tylko, jak to wygląda z mojej perspektywy. Nie możesz mnie winić za to, że nie przeżyłem każdego gówna, które jest do przeżycia na tym świecie. Nie starczyłoby mi życia, gdybym chciał wszystkim udowodnić, że w każdym zawodzie można znaleźć szczęście. A nawet gdybym to zrobił zgodnie z twoim poleceniem albo zamienilibyśmy się życiami na miesiąc, to byłoby tak: ty byłbyś rozczarowany, że moje życie nie jest tak kolorowe, jak sobie wyobrażałeś, a ja, nawet gdybym pracował z uśmiechem na twarzy przy twojej kasie, dostałbym kolejną wymówkę: „No spoko, miesiąc wytrzymałeś. Ale założę się, że już roku byś nie wytrzymał". Może bym nie wytrzymał. Pewnie zmieniłbym pracę. Nie jest ani moim zadaniem, ani życiowym celem udowadnianie ci, że się mylisz. Poświęciłbym całe swoje życie, biegając bezsensownie za tobą, a zapomniałbym o wszystkich pozostałych.

Może zrozumiesz kiedyś, że problem jest zawsze w twojej głowie. Nigdy na zewnątrz. Zmień siebie, a zmienisz świat dookoła.

•

wolność

•

Każdy z nas ma swój pasek dociekliwości. Mam na myśli taki pasek jak w grze komputerowej, który może być „napełniony" w różnym zakresie, w zależności od osoby. Ktoś z prawie pustym paskiem dociekliwości nie ma potrzeby zgłębiania zagadek świata. Nie czuje, że musi zajrzeć do każdego zamkniętego pokoju, otworzyć każde drzwi i jeszcze zejść do piwnicy. Nie każdy musi podróżować po wszystkich miastach, osiągnąć wielki sukces, zostawić coś po sobie, zbudować imperium i przekazać je swoim dzieciom. Osoba z prawie pustym paskiem dociekliwości potrafi się zadowolić wykonywaniem bardzo powtarzalnych czynności, i to przez całe życie. Takich ludzi jest wbrew pozorom bardzo wielu. Czy jest w tym coś złego? Nie! Złe jest tylko cierpienie, które może pojawić się, kiedy taka osoba zostanie zaszczuta przez społeczeństwo. Kiedy padną zarzuty, że nie ma większych ambicji, nie rozwija się, nie robi nic godnego uwagi. Rezultat może być taki, że ktoś, kto do tej pory cieszył się życiem, może poczuć się gorszy od innych, ponieważ nie ma kupy szmalu i nie wozi się pierwszą klasą. A tak naprawdę ma po prostu prawie pusty pasek dociekliwości, co jest zresztą dla niego bardzo wygodne.

Wystarczy znaleźć sobie jakieś zajęcie i po prostu je wykonywać. Nie trzeba koniecznie za czymś gonić. To, że inny człowiek do pełni szczęścia potrzebuje co chwilę nowych stymulatorów, nie jest samo w sobie ani dobre, ani złe. To po prostu fakt. Nikt nie jest lepszy od innych tylko dlatego, że jego natura każe mu zrobić w życiu setki dobrych biznesów. To charakter człowieka warunkuje jego zachowania. Co jak co, ale na charakter wcale nie mamy aż takiego wpływu, jak nam się wydaje. I to jest kolejny powód, dla którego nie widzę różnicy między panią na kasie a biznesmenem, który „wziął życie w swoje ręce". Każdy robi to, co sprawia mu radość. Pani na kasie może być równie niezadowolona z życia jak ten biznesmen, który czuje się beznadziejnie smutny w swoim nowym porsche. Gwarantuję wam to.

Materialisto! Uwielbiasz się realizować w świecie materialnym? Nie ma problemu! Uwielbiasz zarabiać pieniądze i rozwijać swój biznes? To świetnie! Chcesz jeździć drogimi samochodami? Fantastycznie. Idź i rób wszystko, co sprawia ci radość. Najlepsze, co możesz zrobić dla świata, jest to, co sprawia ci radość. Coś, co sprawia, że czujesz, że żyjesz. Rób po prostu wszystko, co jest dla ciebie spełnieniem i szczęściem. Nigdy nie chodziło o to, żeby wyzbyć się przyjemności, które daje ci świat. Żyjesz przecież po to, by się nim cieszyć. Nie zatrać tego. Pojawiłeś się na świecie właśnie po to, by żyć tak, jak chcesz. To nie grzech! Grzechem jest za to ciągłe nienasycenie, nieustanne dokarmianie ego. Odpowiedz sobie na proste pytania. Czy byłbyś tym samym człowiekiem, gdybyś jednego dnia stracił wszystko, co masz? Czy zachowywałbyś się tak samo? Czy nadal kochałbyś ludzi tak samo? Czy darzyłbyś ich szacunkiem? Czy kochałbyś siebie tak samo?

Samotny ty, który widzisz świat w szarych barwach i masz go już dosyć. Znasz jedynie ten spokój, który istnieje w tobie, prawda? Utknąłeś w swoich emocjach, boisz się wystawić głowę z norki. Nie uciekaj od świata. Nie urodziłeś się po to, żeby żyć w swojej głowie. Nie spiesz się. Nikomu niczego nie udowadniaj – tylko samemu sobie. Udowodnij sobie, że ten świat jest też twoją własnością. Kawałek tego świata należy się tobie. Masz prawo zrobić z nim, co ci się tylko podoba. Nie znajdziesz szczęścia w myślach, w pustych i kotłujących się emocjach, w kółko tych samych. Znajdziesz je tylko, wychodząc do świata, zderzając się z nim, oddając mu swoją naturę i swoją wizję. Coś cię boli? Nie bój się tego wykrzyczeć. Coś sprawia ci radość? Nie bój się tego pokazać. Nikt nie będzie cię za to oceniał. Ci, którzy jednak to zrobią, tak naprawdę oceniają sami siebie.

Ale uważaj: na każdym kroku będziesz chciał oddać ten ból, który w sobie nosisz. To może być silniejsze od ciebie. Staraj się go wyłapywać, uświadamiać sobie te sytuacje. Im więcej go wyłapiesz, tym bardziej świadomy się staniesz.

4

SPRZECIW

W TLE:

Pearl Jam • *Indifference*

•

Przeprowadziłem ostatnio zaciekłą dyskusję ze znajomym, Robertem. Zapytałem go, skąd wie, że Ziemia jest okrągła. Proste pytanie, prawda? Bardzo szybko zostałem uznany za wariata. Dlaczego? „Oczywiście, że Ziemia jest okrągła" – odpowiedział. Widzimy to na filmach, na zdjęciach, mapach, globusach. Uczą nas tego w szkole. Zapytaj kogokolwiek o to, czy Ziemia jest okrągła, a natychmiast i bez zastanowienia odpowie ci, że jest. (Mimo że jest lekko spłaszczona, ale to akurat w tym wypadku nie ma znaczenia). Wiesz, że Ziemia jest okrągła, bo wierzysz na słowo wszystkim, którzy twierdzą, że tak jest. Nie widziałeś tego nigdy na własne oczy. Oglądasz wersje rzeczywistości wyprodukowane przez innych. Właśnie to tworzy twój światopogląd.

Im więcej ludzi w coś wierzy, tym bardziej ta rzecz wydaje ci się wiarygodna, zgadza się? Nie przyszłoby ci nawet do głowy, by zanegować ten punkt widzenia. Jest tak mocno zakorzeniony, że stanowi już dla ciebie prawdę absolutną, niepodważalną.

Co odpowiadam, kiedy ktoś zapyta mnie, czy Ziemia jest okrągła? Że nie wiem, bo nie widziałem. Nie mówię, że nie jest – najprawdopodobniej jest. Nie twierdzę też, że jest płaska. Najbardziej racjonalną i adekwatną odpowiedzią byłoby jednak: „Wiele, wiele źródeł twierdzi, że tak właśnie jest". Posługuję się teraz naprawdę skrajnym przykładem, ale mówiłem już, że wolę być zero-jedynkowy. Powiedz mi teraz, kto jest bardziej szalony? Ja, ponieważ twierdzę, że nie wiem, czy Ziemia jest okrągła, czy Robert, przekonany ponad wszelką wątpliwość, że tak jest? Co jest bliższe prawdy? Co jest mniej zakłamane? Co łatwiej zafałszować? „Ale tak nie można żyć!" – odpowiesz. Serio? Ja mogę i jest mi z tym lekko.

•

wiedza

•

Załóżmy, że nie wiemy jeszcze, że Ziemia jest lekko spłaszczona. Chcę wykonać pewne obliczenia matematyczne potrzebne mi do wykonania eksperymentu. Liczę, podstawiam do wzorów, próbuję, ale coś nie wychodzi. Wynik, który otrzymuję, jest błędny. Dlaczego? Bo Ziemia nie jest idealnie okrągła. Aha, czyli nie jest jednak w stu procentach tak, jak ktoś mówił. Mój poprzednik miał rację w 99,9 procentach. I tak jest ze wszystkim. To, że ktoś coś mówi, prezentuje, pokazuje, nie znaczy, że ma stuprocentową rację. Jasne, używaj tego, co stworzyli i odkryli inni – ale nie zamykaj się tylko w tym. Nie przywiązuj się do tego tak, jakby stanowiło to już całe poznanie, całą wiedzę o świecie, w którym żyjesz. Każde postrzeganie można zmienić. Wystarczy zacząć kopać głębiej. W każdym momencie swojej historii ludzkość miała wrażenie, że wie już prawie wszystko.

Czy Amerykanie rzeczywiście wylądowali na Księżycu? Oczywiście. Skąd o tym wiesz? Bo pokazują ci to w telewizji i mówią, że wylądowali? Fantastycznie. Wbiłeś sobie do głowy, że na pewno wylądowali. A co powiesz, jeśli ktoś kiedyś przedstawi niepodważalny dowód na to, że to nieprawda? „Niemożliwe, przecież mówili, że wylądowali! Jaki mieliby powód, żeby kłamać?" Powodów mieliby pewnie co najmniej kilkadziesiąt, jeśli nie kilkaset. Chociażby taki, żeby podburzyć swoich kolegów z Rosji i stworzyć wielki mit lądowania na Księżycu. Po to, żeby teraz tamci zaczęli wydawać krocie dokładnie na to samo. Czy tak było? Nie mam pojęcia. Czy spędza mi to sen z powiek? Nie. Czy Amerykanie wylądowali na Księżycu? Być może. Czy nakręcili to lądowanie w studiu telewizyjnym, udając, że są na Księżycu? Być może. Nie mam zielonego pojęcia i nie mam ochoty nad tym rozmyślać. Jeśli ktoś ma, super. Jeśli kogoś rajcuje zgłębianie tego tematu, ekstra. Mnie to nie jest potrzebne do szczęścia.

•

prawda

•

Myślicie, że zawsze mówię prawdę? Ależ skąd! Świat jest tak zakłamany, że nawet osoba, która mówi wam, że świat jest zakłamany, kłamie. Mogę wam teraz powiedzieć, że ta książka była pisana zawsze o zmroku. Tak by było najlepiej. Dlaczego? Bo wiem, że to lepiej wygląda, jeśli tekst jest pisany nocą. „O Boże, on to tak mocno przeżywa. Już zmrok. To jest dla niego takie ważne. Skupmy się teraz mocno na tym, co chce nam przekazać". Nocą świat zewnętrzny traci znaczenie. Zostajesz sam ze sobą, możesz zajrzeć w siebie tak głęboko, jak to tylko możliwe.

Jeśli mogę wzmocnić ten efekt i wywrzeć większe wrażenie na czytelniku, zrobię to bez zastanowienia i bez skrupułów. Jestem gotów zaryzykować i przyznać się teraz zupełnie otwarcie. Zostawiam cię samego z tym tekstem, licząc na to, że przeczytasz go na osobności, w ciszy, wieczorem. Dlatego też dorzucam playlistę z piosenkami. Czy podczas pisania faktycznie słuchałem właśnie tych utworów? Może tak, może nie. Nie masz żadnej gwarancji. Bo jakie to ma znaczenie? Jakie znaczenie ma dla ciebie, czy to faktycznie ta czy też inna piosenka? Ważne jest tylko wrażenie, nic więcej. Zawsze liczył się tylko efekt i nic tego nie zmieni. Nie licz na szczerość.

Co zrobili bracia Coen na początku filmu *Fargo*? Napisali tak: „TO HISTORIA OPARTA NA FAKTACH. Opisane wydarzenia miały miejsce w 1987 roku w Minnesocie. Na prośbę osób, które przeżyły, nazwiska zmieniono. Z szacunku dla zmarłych historię opowiedziano zgodnie z prawdą". Czytasz coś takiego i co myślisz? „O kurde, ale ciekawy film. Oparty na faktach, właśnie uwielbiam takie". Ten zabieg wzbudza w tobie emocje, które inaczej pozostałyby w ukryciu. Jakże byłbyś teraz zdziwiony, gdybym powiedział ci, że wszystko w tym filmie tak naprawdę zostało zmyślone. Nie uwierzyłbyś, nie? Na początku bracia Coen utrzymywali, że choć postacie są wytworami wyobraźni, sam rdzeń historii jest prawdziwy. W 2015 roku natomiast Joel Coen przyznał jednak, że cała historia została tak naprawdę wymyślona na potrzeby filmu.

Co teraz? Jak się czujesz? Oszukany? Bu-hu. Biegnij szybko do mamy się poskarżyć. Powiedz wszystkim swoim znajomym, że czujesz się oszukany. Wyrzuć z siebie tę złość. Przecież ktoś ci najpierw coś obiecał, a później zawiódł. Kto jest winny? Bracia Coen, którzy wyprowadzili cię na manowce, czy ty, bo dałeś się złapać? Jak myślisz? Zostawię cię z tym pytaniem. Powodzenia!

Jeśli chcesz uniknąć rozczarowań związanych z niedotrzymywaniem obietnic, jest tylko jeden sposób: nie oczekuj niczego w zamian. Dlaczego czujesz się rozczarowany? Bo wyobraziłeś sobie, że druga osoba będzie dobra i prawdomówna. Tak naprawdę jej przecież nie znasz! Nie wiesz, jakie nosi w sobie demony, jakie problemy i emocje się w niej kotłują. Każdy jest egoistą. Każdy kieruje się własnym interesem. Przestań oczekiwać, że ktoś zrobi coś dla ciebie.

– Do czego dążysz, Włodku? Chcesz, żebyśmy wszyscy przestali sobie ufać? Tego chcesz?
– Nie!

Chcę uspokoić wszystkich: nie jest to moją intencją. Tak samo jak wszyscy chcę świata pełnego spokoju, miłości i dobra. Wszyscy mamy dokładnie ten sam cel, choć czasem zmierzamy do niego różnymi drogami. Moim celem jest szturchać ludzi. Sprawia mi to przyjemność i daje poczucie spełnienia. W skrócie – wtedy czuję, że żyję. Skutkiem ubocznym mojej działalności może być tylko to, że ludzie sami przestaną siebie krzywdzić.

•

lustro

•

Czy nie mogę po prostu zostawić wszystkich w spokoju i żyć dla siebie? Oczywiście, że mogę. Wszyscy przecież uczą, że tak jest lepiej, w tym ja sam: „Przestań leczyć innych, zacznij od siebie, bo to w tobie tkwi problem". Kiedy jednak zrozumiesz, że nie jesteśmy oderwanymi, pojedynczymi atomami, lecz wszyscy na siebie oddziałujemy, zaczniesz chcieć dla innych jak najlepiej. Ponieważ ty to wszyscy, a wszyscy to ty i trudno być obojętnym, widząc, że ciągle krzywdzimy się nawzajem. Dzielimy się na grupki, zakładamy państwa, wyznaczamy granice, odseparowujemy się od innych, walczymy ze sobą, prowadzimy wojny, zarówno te otwarte, jak i ukryte. Jak więc żyć tylko dla siebie, kiedy nie można już odwidzieć tego, co się raz zobaczyło? Niełatwo jest to w sobie zgasić. Nawet więcej – wiem, że nie powinno się tego robić.

Nie patrz na mnie. Nie rób sobie ze mną zdjęć. Nie wieszaj moich cytatów na ścianie. Nie opowiadaj o mnie. Nie chwal mnie. Nie dziękuj mi. Nie przepraszaj za to, że się trzęsiesz, kiedy do mnie podchodzisz. Nie potrzebuję tego. Nie potrzebuję twojego uznania. Nie musisz mi niczego udowadniać. Rób wszystko dla siebie. Rób tak, żeby sprawiać sobie przyjemność. Nie mnie, nie komuś innemu. Chcesz cytować tę książkę? Mówić, że Włodek powiedział to i tamto? Podpierać się tym? To głupie. Jestem dla ciebie tylko lustrem. Traktuj mnie jak lustro. Tę książkę traktuj jak lustro. Wyobraź sobie, że na okładce widnieje twoje imię i nazwisko. Wyobraź sobie, że sam napisałeś tę książkę. Wszystko, o czym tu przeczytasz, ma być tylko punktem wyjścia do rozmowy z samym sobą. Zostawiam cię z twoimi aniołami i demonami. Ja mam swoje i więcej mi nie trzeba.

Lustro samo w sobie nie jest interesujące. Nie zobaczysz w nim nic ciekawego, dopóki nie postawisz przed nim czegoś interesującego. Dopiero wtedy zaczyna się magia. Lustro samo z siebie jest jałowe, nieprzydatne – po prostu jest. Nie kłaniasz się mu. Nie myślisz o nim w nocy. Nie robisz sobie w nim zdjęć, chyba że na Instagrama. Zastanów się nad tym.

Co się dzieje, gdy do lustra podchodzi ktoś, kto uważa, że jest brzydki i nie może na siebie patrzeć? Budzą się w nim złość, gniew, nienawiść. Marzy o tym, żeby zbić to lustro, pozbyć się go jak najszybciej. Jeśli budzą się w tobie takie emocje, kiedy czytasz tę książkę – to dobry znak. Jesteś na dobrej drodze! Lustro odbija to, co oceniasz jako brzydotę. Jeśli autentycznie zaczynasz mnie nie znosić lub czujesz do mnie niechęć, to przyznajesz przed samym sobą, że jest w tobie pełno brudu. Tylko od ciebie zależy, czy zeskrobiesz go z siebie, czy dasz sobie spokój.

A co z osobami, które w lustrze widzą tylko swoje piękno?

Nic. Niech widzą, co chcą.

•

chciwość

•

Przeczytałem ostatnio, że przeludnienie na Ziemi staje się faktem i jesteśmy blisko katastrofy humanitarnej. ONZ trąbi, że do 2050 roku podwoi się zapotrzebowanie na jedzenie i potroi konsumpcja surowców naturalnych. O ile nie jestem przekonany do przeludnienia, o tyle uważam, że ze wzrostem konsumpcji nie ma co polemizować.

Organizujemy demonstracje, wychodzimy na ulice, przeprowadzamy kampanie społeczne, mówimy o konsumpcji w mediach. Walczymy ze sobą, angażujemy się w otwarte wojny. A jednak cały czas przemy do przodu. Napieramy, jemy i jemy, chcemy wciąż więcej i więcej. Jedni poganiają, drudzy są poganiani, i końca nie widać. Nie ma nic złego w samej ideologii kapitalizmu i konsumpcjonizmu, podobnie zresztą jak w komunizmie – to tylko systemy. Prawdziwymi problemami są niestety wieczne nienasycenie i chciwość człowieka. Budzimy się zawsze dopiero, gdy postawi się nas przed faktem dokonanym, przed tabliczką z napisem „Za późno". Przegrałeś. Byłeś ślepy. Trzeba było działać wcześniej.

Tak było podczas kryzysu na rynku kredytów mieszkaniowych w 2008 roku. Czy ktoś się martwił tym, że ludzie stracą swoje domy? Nie. Czy ktoś się martwił tym, że podatnicy zapłacą później z własnych pieniędzy za chciwość dużych banków? Nie. Ludzi obchodziło tylko powiększanie swojego zysku. Nieświadomie, kosztem innych.

Gdybym powiedział, że akcje społeczne i charytatywne niewiele dają, mógłbym urazić wielu z was. Rozumiem to! Ale zastanówmy się, ile jest na świecie takich akcji? No tak, sporo, nawet tak ogromne jak Wielka Orkiestra Świątecznej Pomocy w Polsce (i nie tylko). Super, że coś takiego działa. Mówię poważnie, uratowały niejedno życie, niejedno też zmieniły na lepsze. Ci ludzie robią to z dobroci serca. Ale świat i tak idzie w swoim kierunku. I tak chcemy żreć więcej, posiadać więcej, zabrać komuś jak najwięcej i jak najszybciej odciąć się od innych. Wciąż krzywdzimy się nawzajem.

Oczywiście, ci, którzy organizują takie akcje, zawsze mogą powiedzieć: „MY PRZYNAJMNIEJ COŚ ROBIMY”. A ja odpowiem: „Jasne, i róbcie tak dalej. Każdy robi to, co uważa za słuszne i co mu daje radość. Tak powinno być i nie ma z tym dyskusji. Ja mam po prostu inną metodę. Wy chcecie ludziom pomagać, ugłaskiwać ich, żeby czuli się lepiej, żeby łatwiej im się żyło. Dajecie środki przeciwbólowe. Ja wolę dawać lekarstwo. Gorzkie do przełknięcia, ale lekarstwo”.

Wiecie, kto ma trudniejsze zadanie? Ja! Moich lekarstw nikt nie chce. Są gorzkie i niesmaczne. Wszyscy wolą znieczulenie.

•

obojętność

•

Na świecie jest już ponad siedem miliardów ludzi. Może przez to przeludnienie nie potrafimy się już cieszyć sobą nawzajem? Może mamy wokół siebie tak dużo ludzi, że nie możemy już na nich patrzeć? Kiedy człowiek przyzwyczai się do tego, co otacza go na co dzień, nie dostrzega w tym już żadnej wartości. Zaczyna przechodzić przez świat obojętnie i nie ma ochoty się w niego zagłębiać.

Chcesz stęsknić się za drugim człowiekiem? Idź w góry na samotną wyprawę. Po dwóch dniach w odosobnieniu poczujesz chęć zobaczenia ludzkiej twarzy. Będziesz miał ochotę poznawać nowych ludzi. Będziesz ciekawy, co u nich słychać, czym żyją i czy czegoś nie potrzebują. W zgiełku miasta nie jest to możliwe.

W liceum myślałem, że aby być dobrym filozofem, trzeba być totalnie odciętym od świata, nie mieć żadnych z nim powiązań. Po prostu nie być, nie istnieć wśród ludzi. Sądziłem, że każde przywiązanie zakłóca i mąci odbiór świata, a jedynym sposobem na to, by poznać i przekazywać prawdę, jest odcięcie się od wszystkiego, co zewnętrzne. Miałem rację, ale nie chcę tego. Nie jest to łatwe życie, bo zresztą życie nie jest po to, żeby się od niego odcinać. Nie uważam, że powinniśmy tkwić w miejscu i medytować ani siedzieć bezczynnie, żeby się nie ranić. Nie twierdzę też, że powinniśmy rezygnować z przyjemności.

Kiedy patrzymy na wielkich oświeconych, widzimy ich spokój. Na przykład hinduski guru Osho, człowiek o świdrującym spojrzeniu, ubrany w charakterystyczną szatę, w wełnianej czapce. Widzimy, jak bardzo odleciał: nie przywiązuje się do nikogo i do niczego, potrafi żyć i medytować jednocześnie. Taki właśnie mamy obraz oświeconych ludzi. Zapewniam was, nie o to chodzi. Nie musimy pozbawić się wszystkiego, zrezygnować z życia, iść do lasu, rozbijać namiotu i jeść obsikanych przez lisa borówek. Oczywiście, jeśli kogoś to bawi, nie ma sprawy. Ale ci, którzy nadal się zastanawiają, powinni najpierw zobaczyć pełny obraz.

Nie mam najmniejszego zamiaru ubierać się w łachmany, spać pod krzakiem i krzyczeć: „Przebudziłem się!". „Przebudzić się" oznacza po prostu zacząć dostrzegać, że wszystko to, co dotychczas traktowałeś bardzo serio i co wydawało się takie ważne, jest tak naprawdę gówno warte i nie ma najmniejszego znaczenia. Cała reszta jest czystą zabawą.

•

iluzje

•

Wierzę, że jedynym trwale skutecznym lekarstwem dla świata i społeczeństwa jest burzenie świata iluzji, usuwanie źródeł cierpienia. Powiesz mi, że przecież ty nie cierpisz, jesteś teraz szczęśliwy. Otwórz się przed sobą. Zobaczysz, ile cierpienia zachomikowałeś. Zobaczysz, jak bardzo się napracowałeś, żeby zbudować swój zamek z klocków. Zamek, który stoi na bagnie i zapada się w nie coraz głębiej.

Nie czuj się źle. Pisałem już, że jedyną osobą, która może dopuścić cierpienie do ciebie, jesteś ty sam. Powiesz, że cię karcę, zamiast motywować. Że powinienem powiedzieć ci, co masz robić, a nie ciągle krążyć wokół tego, czego nie robić. Że wyciągam niewygodną prawdę i głośno mówię o tym, że świat jest zły, gnuśny, trudny. Owszem, tak robię.

Chcesz motywacji? Proszę bardzo! Świat jest piękny. Świat zawsze da ci to, czego potrzebujesz. Czy warto żyć? Oczywiście, że tak! Życie jest największym darem, który sobie sam wywalczyłeś.

Co z tym plemnikiem, który jako jeden z kilkuset milionów dał radę? To byłeś ty, nikt inny. Walczyłeś o to, żeby żyć na tej planecie. Po co? Nie pamiętasz! Nie mogłeś przecież wtedy rejestrować wspomnień. Po prostu byłeś i robiłeś swoje. Zasuwałeś jak szalony, żeby wyprzedzić miliony innych zainteresowanych. Konkurencja spora, a zwycięzca bierze wszystko. Więc niech nikt mi nie mówi, że życie nie ma sensu. Gdyby nie miało sensu, to nikt by tak nie zapierdalał do swojej komórki jajowej. No i co, nagle ci się odmieniło?

Jeśli chcesz jeszcze lepszej motywacji, obejrzyj sobie coachów na scenie. Dostaniesz kopa, zagonią cię do pracy. Udowodnią, że tuż obok, za płotem, czeka na ciebie lepsze jutro i nie ma powodu, żeby siedzieć na dupie. Część coachów zajmuje się po prostu zaganianiem ludzi po kolejne ciastko w wyścigu szczurów. A nie tędy droga. Chociaż wspomniałem, że coaching ma ten sam mianownik co duchowość, nie zawsze tak jest. Ma też swoją ciemną stronę. Z jednej strony uczy, że moc jest w tobie, że to ty jesteś odpowiedzialny za własne życie i nikt nie rozwiąże twoich problemów za ciebie. To jest dobra strona coachingu. Ale z drugiej próbuje cię przekonać, że potrzebujesz do szczęścia nowego samochodu, nowego, większego domu i nowego, lepszego jachtu... I jeszcze ubrań za kilka tysięcy złotych prosto od krawca. Przecież nie możesz chodzić w byle czym. Musisz być królem i panować nad innymi, prawda?

•

potrzeby

•

Czy da się komuś przekazać zasady duchowości, jeśli ta osoba nie przeżyła wcześniej rozczarowania życiem materialnym? Nie wiem. Abraham Maslow, psycholog, który opracował piramidę naszych potrzeb, twierdzi, że nie. Zgodnie z jego teorią na samym dole hierarchii znajdują się potrzeby fizjologiczne, a na szczycie – samorealizacja. Człowiek musi więc najpierw zająć się potrzebami niższego szczebla, takimi jak jedzenie, bezpieczeństwo, poczucie wspólnoty. Kiedy już je zaspokoi, może wskoczyć wyżej i zastanowić się nad tym, jaki jest cel jego działania.

Jestem w stanie w to uwierzyć – czym dla osoby, która nie ma podstawowych środków do życia, wody, jedzenia, dachu nad głową, jest gadanie o prawdzie? Czymś zupełnie nieistotnym!

Religie pojawiały się na świecie, dopiero kiedy człowiek zaspokoił swoje podstawowe potrzeby. Miał jaskinię, w której mógł spać. Wiedział, jak rozpalić ogień i jak złapać zwierzynę. Więc może Maslow ma rację? Z drugiej strony Viktor Frankl, również psycholog, więzień obozu koncentracyjnego podczas drugiej wojny światowej, sens życia odnalazł właśnie w tych ekstremalnych warunkach, w których podstawowe potrzeby nie były zaspokojone. Opisał to w swojej książce *Człowiek w poszukiwaniu sensu*. Zrozumiał, że nawet w sytuacji, kiedy odebrano mu wszystko, mógł odczuwać spełnienie. Nie wiem, być może jest to zarezerwowane dla nielicznych, ale ja nie chcę w to wierzyć. Jeśli mamy gdzie spać, mamy co jeść, nie jesteśmy spragnieni i mamy do kogo się odezwać – to powinno wystarczyć.

W każdym razie rozczarowanie światem materialnym na pewno pomaga dostrzec, że musi być coś więcej, że nie może chodzić tylko o zaspokojenie materialnych pragnień. Masz takie odczucie? Wpada ci czasem do głowy myśl, że musi być coś więcej? Pewnie nigdy się nie dowiem, czy ludzie to czują, ale starają się odrzucić te wrażenia, czy po prostu nie czują tego w ogóle. To jest absolutnie nie do odgadnięcia – nie dowiesz się, gdy zapytasz kogoś wprost, i nawet on, gdyby zapytał sam siebie, również mógłby nie znaleźć odpowiedzi. Wymagałoby to wielu lat terapii. Nie mamy tylu terapeutów, a nawet gdybyśmy mieli, kto miałby czas do nich chodzić? Ludzie są przecież tak bardzo zabiegani.

A jak się człowiek śpieszy, to się diabeł cieszy.

•

pośpiech

•

Dlaczego jesteś tak zabiegany? Za czym gonisz? Dlaczego denerwujesz się, kiedy stoisz w korku? Znam odpowiedź: jadąc samochodem, nie cieszysz się z jazdy samochodem, bo tak bardzo jesteś do niej przyzwyczajony, że myślami wybiegasz już gdzieś indziej. Odpływasz. Nie zwracasz uwagi na to, co robisz w tym momencie. Robisz wszystko mechanicznie, jak robot. Twoje działanie zamieniło się w nawyk. Działasz odruchowo, nie myślisz o tym, co dzieje się tu i teraz. Jadąc, zastanawiasz się nad tym, co będziesz robił, jak tylko wysiądziesz, jak będzie wyglądać miejsce, do którego dojedziesz.

Nie zastanawia cię to, co się dzieje wokół. Nie obserwujesz świata. Nie cieszy cię ptak na drzewie. Nie cieszy cię fakt, że możesz jechać autem, że doświadczasz czegoś tak wspaniałego jak możliwość przemieszczania się dziesięć razy szybciej i wygodniej, niż gdybyś miał używać nóg. Nie doceniasz tego, że nie jest ci zimno w środku, podczas gdy na zewnątrz jest minus piętnaście stopni. Jest to dla ciebie tak oczywiste jak to, że świeci słońce. Nie musisz się o nic martwić, nie interesuje cię, jak to się dzieje, że auto się porusza. Traktujesz to wszystko jak proces, który powinien się jak najszybciej zakończyć. Im szybciej to nastąpi, tym więcej pieniędzy zarobisz i tym szybciej dostaniesz to, co sobie wcześniej wymarzyłeś, czyli pewnie ten ultraszybki laptop, do którego będą się ślinić wszyscy twoi znajomi. Myślami tworzysz życie, które jeszcze nie nadeszło. Nie żyjesz tu i teraz. Żyjesz tam i potem.

Korek doprowadza cię do szału, ponieważ wydłuża drogę między wizją, którą projektujesz w głowie, a momentem osiągnięcia celu. Widzisz, jak oddalają się w czasie wszystkie te rzeczy, których rzekomo potrzebujesz do szczęścia. Chociaż dostrzegasz, że uciekają, nic nie możesz z tym zrobić. Korek się nie zmniejsza, a ty nie jesteś w stanie przesunąć tych wszystkich aut. Zastanawiasz się, jak go ominąć, znaleźć tajemne przejście, wysunąć się z kolejki i wszystkich oszukać.

Kiedy już stracisz całą nadzieję na zmianę tej sytuacji, zaczyna gromadzić się w tobie złość. Twoja wściekłość narasta i musisz ją wyładować albo stłumić w sobie. Wybór należy do ciebie, ale oba rozwiązania są złe. Możesz nawrzeszczeć na innych kierowców i przywalić w klakson albo zamknąć złość w sobie. Niestety, jeśli wybierzesz tę drugą opcję, dorzucisz te emocje do kuli u nogi, którą będziesz ciągnąć za sobą przez całe życie.

Jest tylko jedna droga ucieczki – żyć tu i teraz, nie pozwolić złości nad sobą zapanować. Zaakceptować to, co masz przed sobą. Nie myśleć ciągle o tym, co chciałbyś mieć.

emocje

Kula u nogi – ogromny bagaż emocjonalny, który nazbierałeś przez całe życie. Twoje smutki, zazdrości, niesprawiedliwości, pomyłki, porażki, zatargi, niewyjaśnione sytuacje, niespełnione marzenia i wszystkie inne pierdoły z przeszłości i przyszłości. Będziesz ją dźwigał, dopóki się od niej nie uwolnisz. Emocje mają tę właściwość, że zawsze wracają. Nie jesteś w stanie ich kontrolować. Nie znasz dnia ani godziny, wypłyną zarówno te stare, zachomikowane, jak i nowe, wywołane jakąś konkretną sytuacją. Za każdym razem odbywa się to według tego samego schematu.

Spróbuj sobie wyobrazić komodę, taką ogromną, pełną szuflad. To twoja kula u nogi. W każdej z szuflad są schowane konkretne emocje, które w sobie trzymasz. Kiedy któraś z nich się otwiera, wraz z nią wyjeżdża jakaś emocja. Ale nie masz na to wpływu – to życie decyduje, którą szufladę wysunąć. Kiedy ta chwila już nastąpi, nie możesz uciec. Musisz odpowiedzieć na tę sytuację i na tę emocję, czy tego chcesz, czy nie. Nawet jeśli nie do końca sobie to uświadamiasz, zawsze musisz zareagować.

To tak jak ze złością w korku. Są dwie opcje: możesz albo tę emocję unieść do góry – wyładować ją, albo zepchnąć w dół – stłumić. Kiedy unosisz ją do góry, dajesz jej możliwość wypłynąć, zaistnieć i ukazać się światu. To, co stanie się dalej, dla wszystkich będzie niespodzianką. Nie wiesz, czy nie sprawi, że kogoś urazisz, albo czy nie stanie się coś, czego boisz się najbardziej – i sam na tym ucierpisz. Najbardziej boisz się wyciągnąć wnioski ze swoich zachowań. Dlatego właśnie najczęściej nie wynosimy emocji na wierzch, lecz ze strachu przed konsekwencjami chowamy je w sobie. Wkładamy je z powrotem do szuflad w nadziei, że znikną same. Niestety, w przyrodzie nic nie ginie: właśnie dołożyłeś kolejną rzecz do swojej kuli u nogi.

Nauczyliśmy się niewyrażania naszych emocji. Kiedy byliśmy dziećmi, było to nam zupełnie obce, a dziś jesteśmy już mistrzami w tej dziedzinie. Dziecko jest zawsze szczere. Nawet gdyby chciało, nie potrafi fałszować uczuć, nie potrafi ich ukryć. W pewnym wieku zaczyna się tego powoli uczyć, a raczej podpatruje, jak robią to inni, i zaczyna ich naśladować. Zauważ, że często zanim dziecko się porządnie rozpłacze, próbuje zdusić w sobie emocje. Próbuje, ale w pewnym momencie pęka. Zaczyna się wtedy prawdziwy szloch. Przed wybuchem przez kilka sekund trwa jeszcze w tym stanie zawieszenia. Uda się powstrzymać ten wybuch czy nie? W końcu nie wytrzymuje, tama pęka. Z czasem wyrabiamy w sobie tę umiejętność niewyrażania coraz mocniej, tylko po to, aby opanować ją do perfekcji.

Po co w takim razie wyrażać emocje? Czy jest coś złego w tym, że je ukryjesz i zajmiesz się nimi później? Nic! Nie ma w tym nic złego. Jest to tylko szansa dla ciebie, żeby nauczyć się czegoś o sobie. Żeby żyć w tej chwili, w której jesteś teraz. Żeby powiedzieć drugiej osobie, co tak naprawdę o niej myślisz. Żeby spróbować przeżyć to, co chowasz w sobie od dawna. Emocje dają ci kontakt z prawdziwym tobą. Nie ma lepszego i bardziej szczerego przekaźnika. Emocje są nieskażone. Są tobą. Są tym, co masz zrozumieć. Wyrażają tylko ciebie. Podsuwają ci czysty obraz siebie samego. Po raz kolejny to od ciebie zależy, czy z tego skorzystasz. Nikt nie będzie cię z tego rozliczał ani oceniał, jeśli tego nie zrobisz. To twoja wolna, nieprzymuszona wola. Dlatego tylu ludzi mówi ci, żebyś czuł, a nie myślał. Tylko uczucia pozwolą ci zrozumieć, kim naprawdę jesteś. Nigdy umysł. On jest tylko narzędziem, które możesz wykorzystać wedle własnego uznania. Ale na razie to właśnie umysł wykorzystuje ciebie.

Jestem przekonany, że brak kontaktu z własnymi emocjami jest największą wadą istoty ludzkiej. To emocje przynoszą odpowiedź na każde z tych pytań: Co powinienem robić w życiu? Czy naprawdę ją kocham? Czy powinienem pójść tu, czy tam, czy gdziekolwiek indziej? Na wszystkie pytania odpowiada serce. Zawsze! Nigdy umysł.

Jeśli chcesz zobaczyć szczere i wierne odbicie samego siebie, nie ma lepszego lustra niż emocje.

•

instynkt

•

Emocje, czyli serce i brzuch. Dlaczego brzuch? W Polsce nie mówi się o nim w tym kontekście, no może poza jednym przypadkiem: mówisz „Mam motylki w brzuchu", kiedy się kimś zauroczysz. Myślisz, że to przypadek? Bynajmniej!

W języku angielskim istnieje taki zwrot: „Go with your gut feeling", który oznacza po prostu „mieć przeczucie", „zaufać instynktowi". Natomiast w dosłownym tłumaczeniu otrzymalibyśmy „idź za uczuciem z brzucha". „Idź za uczuciem z brzucha"! – śmiesznie to brzmi. Ale oznacza głębszy poziom poznania niż głos serca. Sercem czuje człowiek, który myśli umysłem, a brzuchem – ten, kto myśli już sercem. Wszystkie pokłady tego, kim naprawdę jesteśmy, siedzą właśnie tam, w brzuchu i w sercu.

Może brzmi to jak stare nauki ezoteryczne, ale zapewniam cię, warto przełamać stereotypowe myślenie. Opisuję to, co czuję – nie to, co wydaje mi się, że chciałbyś usłyszeć, a ja chciałbym ci sprzedać. Zapewniam, że odpowiedzi na najważniejsze pytania znajdziesz w sercu i w brzuchu, nigdy w głowie. Głowy możesz używać do analizowania, roztrząsania, poznawania, zrozumienia. Ale kiedy już zrozumiesz, będziesz wiedział instynktownie, i nie będziesz musiał nad wszystkim rozmyślać godzinami.

Śmiejemy się z tych, którzy twierdzą, że rozmawiają z Bogiem. Ha, ha, jakie to zabawne! Śmiejmy się z nich, wymyślajmy dowcipy, byleby im dowalić! A przecież to tylko kwestia dobrania odpowiedniego słowa: Bóg, intuicja, przeczucie, absolut, świadomość, energia, chi, kundalini – na jedno wychodzi. Zakładamy, że jakaś nadprzyrodzona istota z niebios mówi tym ludziom, co mają robić. Albo że mają przed oczami małego Jezuska, takiego, z którego wypływają promyczki światła. A jeśli nawet tak jest, w czym nam to przeszkadza? Co nas to obchodzi? Niech widzą, co chcą. A może oni tylko rozmawiają sami ze sobą? Przecież wszystkim się to zdarza. Są ludzie, którzy mówią do siebie na głos, kiedy nikt nie słyszy. Gdyby robili to na ulicy, z miejsca by ich zamknęli i zawieźli prosto do psychiatryka. Dlatego właśnie rozmawiamy ze sobą w samotności, w obawie, że wezmą nas za wariatów. Którymi jesteśmy! Wszyscy jesteśmy psychicznie chorzy, bo słyszymy w sobie wewnętrzny głos i nie wiemy, skąd pochodzi. Włodek mówi, że z brzucha i z serca.

Jak to się dzieje? Nie wiem! Wiem tylko, że to działa. Niech zajmą się tym specjaliści. Może kiedyś nauka rozwiąże tę zagadkę.

5

SYSTEM

W TLE:

Trent Reznor • *Hand Covers Bruise*

•

Kiedy miałem dziesięć lat, odbyłem dosyć szczególną rozmowę. Siedzieliśmy wszyscy przy rodzinnym stole w Peremyszlanach. Jedliśmy pierogi. Była wśród nas jedna osoba, która nie pasowała do reszty, i nie mówię tu bynajmniej o sobie. Mężczyzna pochodził ze Stanów i na oko wyglądał na czterdziestolatka. Z angielskim radziłem sobie już wtedy całkiem nieźle, więc zapytałem:

– Hej, czym się zajmujesz w życiu?
– Pracuję w koncernie militarnym. BAE Systems.

Nie wiedziałem, co znaczy „koncern", nie wiedziałem, co znaczy „militarny" i nie wiedziałem, co to BAE Systems. Dopytałem:

– Ale co tam robisz?
– Tworzymy różne rozwiązania dla wojska. Czy wiedziałeś, że można nas podsłuchiwać z satelity, teraz, tak jak siedzimy w tym pokoju w Peremyszlanach?
– Nie ma szans! – Dla dziecka taka informacja rodem z filmów science fiction jest największą gratką, jaka się może trafić.
– Poważnie! Gdyby moi koledzy chcieli, mogliby ustawić teraz podsłuch i słuchać, o czym rozmawiamy.

Nie interesowało mnie to, że rząd może podsłuchiwać wszystkich, cały świat. Miałem to w dupie. Byłem zszokowany i zachwycony, że to w ogóle możliwe. Było to dla mnie tak nieprawdopodobne, że wracam myślami do tej rozmowy co jakiś czas, aż do dzisiaj. Nie potrafiłem też wtedy, przy rodzinnym stole, zadać żadnych konkretnych, bardziej szczegółowych pytań. Miałem dziesięć lat!

Teraz mogę sobie sprawdzić, że BAE Systems to faktycznie jeden z największych koncernów militarnych i lotniczych na świecie. Mogę też sprawdzić, czy naprawdę można podsłuchiwać ludzi z satelity. Można! Wystarczy wystrzelić wiązkę lasera w podczerwieni na szybę. Kiedy nikogo nie ma w pokoju, szyba pozostaje nieruchoma. Natomiast kiedy ktoś mówi, jego głos wprawia szybę w drgania. Analizując je, można odczytać, jakie słowa padły, zanim szyba zaczęła drgać. Mądre rzeczy. Niesamowite.

•

inwigilacja

•

Gdyby nie Edward Snowden, Amerykanie do dzisiaj nie wiedzieliby, do jakiego stopnia są inwigilowani. Mogliby się domyślać, ale nigdy nie wiedzieliby nic na pewno. Ktoś raz na jakiś czas mógłby opublikować artykuł o tym, że jest naprawdę źle, ale kto wziąłby coś takiego na poważnie? No właśnie... W momencie, kiedy robi to były analityk NSA, wszystko nabiera zupełnie innych barw.

Nie chodziło mu nawet o to, żeby wywołać panikę i ogólnoświatowe protesty przeciwko władzy. Chciał tylko poinformować obywateli, że coś takiego się dzieje. Przecież mają prawo wiedzieć. Dla niego najważniejsze było to, żeby ten fakt zaistniał w świadomości społecznej. Jeśli komuś przeszkadza taka inwigilacja, może teraz tę wiedzę wykorzystać wedle uznania i zacząć działać. Jeśli ktoś ma to kompletnie w nosie – jego sprawa, niech dalej robi to, co chce. Celem takich akcji nie jest spowodowanie, aby ludzie wyszli na ulice i zaczęli walczyć z uciskiem. Nie! – chodzi o to, żeby każdy się dowiedział, w czym bierze udział, albo co można z nim potencjalnie zrobić.

George Orwell powiedział, że dziennikarstwem jest drukowanie tego, czego ktoś inny nie chce zobaczyć w druku, a cała reszta jest reklamą. Nie muszą to być koniecznie jego słowa, Orwell mógł sparafrazować jakiś obiegowy cytat, to nieistotne. Naprawdę ważne jest to, ile przeciętni, szarzy obywatele przeciętnego kraju są w stanie zrozumieć z tego, co odbywa się ponad ich głowami. Mam na myśli wszelkie formy kontroli, rządy, samorządy, polityków, media, instytucje kościelne. Dzisiaj rozumiem, że to ich całkowicie przerasta. Zwykły, normalny człowiek, który jest na samym dole piramidy władzy, nie ma żadnej pewności, do jakich celów jest wykorzystywany, czy nie jest narzędziem w czyichś rękach. Może się domyślać, może tworzyć teorie spiskowe. Może krzyczeć, że chcą nas wszystkich pozabijać. Ale tego, jak jest naprawdę, nigdy się nie dowie.

Mówi się, że ludzie nie powinni wiedzieć, jak się robi kiełbasę i politykę. Im mniej wiedzą, tym smaczniej będą spać. Zgadzam się, tyle że to stwierdzenie służy tylko tym, którzy robią tę kiełbasę i uprawiają politykę. Tylko oni na tym korzystają. Jakie to ma znaczenie, że ludzie będą smaczniej spać? Oczywiście, są przypadki, gdy ludzie w konfrontacji z prawdą objawioną zaczynają wariować. Kiedy postawi im się przed oczami piramidę władzy i ją jasno wytłumaczy, ludzie nie są w stanie w to uwierzyć. Niektórzy mogą nawet oszaleć, naprawdę! Mogą zacząć żyć w strachu i poświęcić całą swoją energię na niszczenie tego, co jest źródłem lęku – czyli władzy. Rządów, instytucji, korporacji, koncernów medialnych... Część społeczeństwa tak naprawdę wcale nie chce wiedzieć, jakie procesy toczą się za ich plecami. Ludzie wiedzą, że coś się dzieje, ale nie mają ochoty zgłębiać co, kto i jak. Mogą mówić, że ich to obchodzi, ale tak naprawdę chcą dalej smacznie spać. I to jest ich święte prawo.

Ale ja wychodzę z założenia, że ludzie mają prawo wiedzieć. Sądzę, że kiedy ktoś sam przejawia chęć zgłębienia czegoś, powinien mieć taką możliwość. Nie zgadzam się z tym, że celem ukrywania informacji jest czyjeś dobro, ochrona przed problemami. Polityku, pozwól obywatelom zdecydować, czy dany problem jest trudny czy nie. Jeśli coś jest trudne dla ciebie, to wcale nie znaczy, że inni sobie z tym nie poradzą. Może po prostu ty sam, polityku, boisz się i za wszelką cenę chcesz utrzymać to, co tak bardzo sobie cenisz: władzę.

Skuteczność argumentu o utrzymywaniu społeczeństwa w niewiedzy można porównać do rozwodowych kłótni rodziców, które odbywają się po kryjomu, żeby oszczędzić dzieci. Dzieci i tak wiedzą, że coś jest nie tak, ale czują się jeszcze gorzej, bo nikt im nic nie mówi. Domyślają się, że coś nie gra, ale nie potrafią tej sytuacji rozwiązać. Kiedy pytają, o co chodzi, dostają po łapach: „Pozwól dorosłym się tym zająć!". W pewnym momencie widzą tylko ostatni klocek domina, który się na nie przewraca. Przez długi czas śledziły rozwój sytuacji, przeczuwały, że układanka się rozpada, ale tym, co widzą na własne oczy, jest dopiero ostatnia kostka. Wtedy wiedzą na pewno, że konstrukcja się rozsypała. W rodzinach jest to rozwód, w państwach – albo wojna, albo głęboki kryzys gospodarczy.

Ale pytanie brzmi: gdyby dzieci wiedziały wcześniej, czy to by coś zmieniło? Czy mogłyby coś zrobić? Przecież nie mają żadnej mocy sprawczej, więc jak mogłyby podjąć jakąkolwiek decyzję albo rozwiązać konflikt za dorosłych? Ale mogłyby zrobić jedną ważną rzecz: powiedzieć im, co czują i myślą. Dodać kolejny punkt widzenia i rozszerzyć ich perspektywę. Może wtedy starszym byłoby łatwiej rozwiązać problem? Tego nie wiemy – wiemy natomiast dobrze, że zarówno rodzice, jak i rządy mają zazwyczaj głęboko w poważaniu, co myślą dzieci.

•

walka z systemem

•

Mówiłem wcześniej, że ludzie nie zawsze są gotowi zmierzyć się z tym, jak funkcjonuje władza, że tracą rozum, kiedy widzą, że są sterowani przez media, instytucje religijne, rządy, koncerny, albo jeszcze lepiej – bogatych Żydów i inne ugrupowania rodem z teorii spiskowych. Przestają szukać kreatywnych rozwiązań i sposobów walki z systemem: skupiają się tylko na metodach zniszczenia wroga. Na samej górze nie widzą już ludzi, lecz maszyny, które chcą z nich wydoić wszystkie pieniądze, duszę i osobowość. Politycy stają się demonami. Ludzie zamroczeni teoriami spiskowymi wrzucają wszystkich do jednego wora i zaczynają traktować właścicieli korporacji i banków jak zbędne elementy układanki, które trzeba wyeliminować.

Można by na przykład powiedzieć, że korporacje energetyczne nas uciskają, prawda? Wykorzystują nas i robią po prostu wszystko, żeby ograniczyć naszą wolność, lobbują rządy i sterują politykami. Na samym szczycie tej korporacji siedzą wiecznie nienażarci prezesi, którzy chcą tylko więcej i więcej. Tak? Możesz przyjąć takie myślenie, pewnie. Ale możesz pomyśleć odwrotnie: ile razy skorzystałeś z tego, że masz dopływ prądu, ile dzięki temu mogłeś osiągnąć? Mogłeś chodzić nocą ulicami, pracować po zachodzie słońca, jeździć po oświetlonych stokach narciarskich, korzystać z komputera, Internetu, lodówki, telewizora, konsoli do gier i wszystkich innych dobrodziejstw techniki. Przeszkadza ci to? Czy zapomniałeś już o tym, bo znalazłeś sobie teraz inną zabawę, zabawę w walkę z systemem?

Powiesz, że źle cię zrozumiałem. Nie chodzi przecież o to, żeby zniszczyć to wszystko w cholerę, ale żeby wyrównać rachunki. Chodzi o to, żeby zniknęły podziały między ludźmi, żeby nie było biednych i bogatych, żebyśmy wszyscy potrafili żyć w zgodzie i korzystać z dobrodziejstw świata na takich samych warunkach. Piękne marzenie. Komuniści mieli podobne. Komunizm w założeniu nie był zły, oznaczał przecież „dzielenie się". Myśl istotnie cudowna. Problem w tym, że ludzie są różni. Mają różne potrzeby, różne upodobania i są na różnych stopniach rozwoju. Znajdziesz takich, którzy nie skrzywdziliby muchy, i takich, którzy bez wahania odcięliby ci głowę.

Świat jest rozdarty i nad tym trzeba pracować. Edukować, uświadamiać. Nie ugłaskiwać, lecz wybudzać ze snu. Ale nie ma co się łudzić, że zmiana systemu rozwiąże wszystkie problemy.

Wolę się skupiać na ludziach, nie na systemach.

•

rzeczywistość

•

Nadal łudzisz się, że wiesz, co się dzieje na górze, prawda? Przeczytałeś wczoraj kilka artykułów o polityce i jesteś teraz przekonany, że wiesz, co tam się rozgrywa. A może nadal nie masz zielonego pojęcia i nie wiesz, co kieruje ludźmi, którzy zajmują się tym, co nazywamy polityką? Nie znasz ich intencji i jeśli liczysz na to, że powiedzą o nich podczas wystąpień publicznych, jesteś w błędzie.

Żeby zrozumieć, jak bardzo potrafimy szatkować rzeczywistość, trzeba na to spojrzeć z własnej perspektywy. Zastanowić się i odkryć, że to, co uważamy za prawdę, jest tylko czyjąś wersją rzeczywistości. Dostrzec, że została kilkakrotnie przefiltrowana i podana na tacy w takiej postaci, w jakiej będzie smakowała jak najlepiej. Tak, żebyś był przekonany, że wszystko jest w porządku. Albo odwrotnie, żebyś był przekonany, że nic nie jest w porządku i jesteśmy wszyscy w czarnej dupie.

Pijesz wodę z kranu, który jest podpięty do ogromnej sieci rur. Myślisz, że wiesz, co jest w tych rurach? Im więcej mechanizmów rządzących światem zrozumiesz, tym bardziej zaczną pasować do siebie wszystkie elementy układanki. Jak puzzle składające się z tysiąca kawałków, które dopasowujesz jeden po drugim.

Dlaczego w takim razie mówię, że nie jesteś w stanie dojść do tego, co tak naprawdę się dzieje? Po pierwsze dlatego, że to, co traktujesz jako rzeczywistość, jest tylko jej wycinkiem. Świat jest tak ogromny, że tę samą rzecz można przekazać na co najmniej kilka, kilkanaście, jeśli nie kilkadziesiąt sposobów. Kiedy oglądasz wiadomości i myślisz, że ktoś pokazuje ci świat, jesteś w błędzie. Ktoś pokazuje swoją wersję świata. Często zaprojektowaną specjalnie tak, żeby podobała się tobie, bo przecież od tego zależą rating i wyniki oglądalności. Każdy z nas ma swój własny filtr, który decyduje, na co zwracamy uwagę, a co olewamy; dotyczy to także dziennikarzy. Wszystko, co jest przekazywane, czy są to wiadomości, czy inne treści, jest zawsze nieobiektywne. Zawsze znajdziesz tam mieszankę upodobań, stereotypów, uprzedzeń, chęci ukazania siebie w jak najlepszym świetle, chęci ukazania innych w jak najgorszym świetle, naginania faktów, świadomie czy nieświadomie.

Człowiek nie jest wyposażony w doskonały aparat poznawczy. Każdy ma swoją prawdę i nie da się przekazać jej w idealny sposób. Jeśli liczysz na to, że ktoś przekaże ci prawdę, którą będziesz mógł wziąć ze sobą i wykorzystywać jako własną, jesteś głupcem. Dajesz sobie narzucić czyjąś wizję świata. Kiedy chcesz coś poznać, możesz jedynie sam wszechstronnie zgłębiać temat. Nie ma nic złego w poleganiu na innych, ale zawsze trzeba mieć świadomość, że są to ich myśli i przekonania, a nie twoje własne.

Nie kopiuj cudzego punktu widzenia. Weź pod uwagę fakty i zastanów się, jakie jest twoje zdanie, a co zostało ci narzucone. Jeśli nie będziesz pewien, weryfikuj, stawiaj pytania. Bądź uważny, bo może się okazać, że poświęcasz swoje życie, spełniając cudze zachcianki i rozwiązując czyjeś problemy. Chyba tego nie chcesz? A może się mylę?

•

gra

•

Nie zrzucam winy na system i „układ". Opinia, że media są podporządkowane rządom i działają pod dyktando władzy, jest dość powszechna. Nie zgadzam się z nią w pełni. Myślę, że prawda leży głębiej – w ludzkiej naturze. Przyczyną jest chęć podporządkowania się niewidzialnym rozkazom i hierarchii. Każdy człowiek, świadomie lub nie, doskonale czuje, na którym jest szczebelku drabiny społecznej. Dziennikarz telewizyjny zdaje sobie sprawę, że nie wypada mu źle wypowiadać się o ludziach na wyższych stanowiskach. Co by nie mówić, w jego głowie te osoby są „nad nim", w hierarchii „osiągnęły" więcej. Nie musi nawet o tym wiedzieć, ale w głębi duszy nie szuka z nimi sprzeczki – mają przecież więcej „mocy" i więcej koneksji. Nie chce, żeby wyrzucili go z pracy, ma przecież rodzinę na utrzymaniu. Widziałeś kiedyś, żeby pracownik korporacji otwarcie, przy wszystkich, nadawał na swojego szefa? Nie. Dlatego, że chcemy i lubimy imponować ludziom postawionym wyżej od nas. Nie krytykujemy ich. Mogą nas znielubić.

Nieważne, kto głosuje, ważne, kto liczy głosy. Nieważne, kto tworzy prawo, ważne, kto wytwarza pieniądze i kontroluje ich obieg. To tylko kolejne stwierdzenia, przykłady można by mnożyć. Chodzi po prostu o to, by zauważyć, że wszyscy bierzemy udział w tej samej grze, czasem bardzo brutalnej. Są w niej mistrzowie, którzy doskonale opanowali zasady, oraz jednostki zupełnie nieświadome. Choć biorą w tym udział od dziecka, nie znają reguł tej gry. Co gorsza, nie ma do niej żadnej instrukcji obsługi! Można tylko podpatrywać, jak grają inni, czyli stosować tę samą metodę sprawdzoną od dzieciństwa – patrzeć, co robią inni, i starać się wykonać tę samą czynność równie dobrze, albo nawet lepiej. Podpatrywanie świata to jedyne, co możesz zrobić, żeby się czegoś o nim dowiedzieć. Oglądasz, analizujesz, wyciągasz wnioski. Pytasz, zostajesz skarcony, wyciągasz wnioski. Nie ma innej drogi.

Kiedy już zrozumiesz zasady gry, będziesz mógł sam zdecydować, czy masz ochotę do niej dołączyć, czy wolisz jednak to wszystko zostawić, wyjechać do lasu i zamieszkać w drewnianym domku. Twój wybór. Walcz o to, żeby mieć wybór, bo być może na razie tylko grasz na ślepo.

•

autorytet

•

Jak podchodzisz do informacji o Krzysztofie Kolumbie? „Prawdziwy bohater, odkrył Amerykę". W Stanach co roku świętuje się Dzień Kolumba. Ale... Opinie są sprzeczne. Po pierwsze, nie odkrył on żadnej Ameryki, tylko dzisiejsze Karaiby, po drugie, nie był taki święty. Jedni wynoszą go pod niebiosa jako odkrywcę Nowego Świata, a inni uważają za jednego z największych zbrodniarzy w historii. Gdzie więc leży prawda?

Kiedy Kolumb przybył na miejsce, patrzył na tubylców ze zdziwieniem – w jego oczach byli dość zacofani. „Indianie" nie znali stali. Na powitanie nie przynieśli ze sobą broni, tylko dary. Byli przyjaźnie nastawieni, natomiast Kolumb odebrał to jako oznakę słabości. Pomyślał, że to świetny materiał na niewolników. Nie trzeba przecież wiele, aby nad nimi zapanować. Nie mieli nawet mieczy, tylko włócznie. Nie będę wnikać w szczegóły okrucieństw, które miały miejsce później. Zainteresowani na pewno zgłębią temat na własną rękę.

Zdaję sobie sprawę, że to była inna epoka. Nie ma sensu rozliczać przeszłości zgodnie z założeniami teraźniejszości. Ta historia jest jednak jednym ze znaków nienasycenia człowieka jako gatunku. Człowieka, który wszędzie widzi okazję do podboju – zarówno wtedy, jak i dziś. Na czym zależało

Kolumbowi, kiedy wyszedł na ląd? Na pewno nie na szerzeniu miłości braterskiej i szukaniu porozumienia. Zależało mu na bogactwie, na złocie, które znalazł na „odkrytych" terenach. Wyobraź sobie, że dzisiaj zjawia się tam, gdzie mieszkasz, i oznajmia, że zabije ciebie, wyrżnie w pień twoją rodzinę i wszystkich najbliższych. Po co? Żeby zamieszkać tu zamiast ciebie. Nie obok ciebie, nie razem z tobą, ale zamiast ciebie. Przeszkadza mu, że „zająłeś" teren, który mógłby zająć ktoś inny. Nie interesuje go sąsiedzka relacja, tylko przejęcie władzy i zaspokojenie swoich potrzeb materialnych. Potrzeb, którym nie ma końca. Polecam zapoznać się z opinią mieszkających do dzisiaj w Ameryce Indian. Zapytajcie ich, co sądzą o Krzysztofie Kolumbie – człowieku, który zmienił świat.

Widzisz, jak łatwo można zburzyć ideał, w który się wierzy? Czasem wystarczy dodać nowe fakty. Jeśli jeszcze jakieś się pojawią, ten obraz, który przedstawiłem, z łatwością może się rozsypać po raz kolejny. Może Kolumb po prostu robił, co mu kazano, bo inaczej jego rodzinie groziłaby śmierć? Każdy pogląd można obalić. Zawsze istnieje szansa na odkrycie nowych faktów, które kompletnie zburzą dobrze znany obraz sytuacji. Zawsze istnieje to prawdopodobieństwo.

Niektórzy będą się przed tym bronić. Nie zechcą przyjąć do wiadomości niczego, co nie pasuje do schematu. Mówiłem już o tym, że są też ludzie, którzy pod wpływem nowych informacji radykalnie zmieniają poglądy. Mogą poczuć wszechogarniającą potrzebę głoszenia nowych prawd, przekonywania innych do swoich racji. I na przykład organizować akcje społeczne pod hasłem „Prawda o Krzysztofie Kolumbie!". Jakże byliby zmartwieni, gdyby nowe odkrycia po raz kolejny zburzyły ich wiarę!

•

tolerancja

•

Tolerancja bywa złudzeniem. Ci, którzy uważają się za tolerancyjnych, często wcale tacy nie są. Chcieliby być! Podoba im się, że mogą przypiąć sobie etykietkę „tolerancyjny", lubią się z tym obnosić. Podoba im się panujący trend, chcą do niego dołączyć i spotykać się z innymi tolerancyjnymi, chodzić do swoich tolerancyjnych klubów z tolerancyjną obsługą. Wiedzą, że gwarantuje im to pewien status społeczny. Chcą opowiadać o tym, jak bardzo świat jest zacofany. A jednocześnie mogą mieć w dupie prawdziwą tolerancję. Chcą tylko wykrzykiwać hasła, które podpatrzyli u swoich amerykańskich kolegów. Już całkiem przykleili się do swojego munduru, wypełnionego po brzegi orderami Virtuti Tolerantia. Sam też tak robiłem.

Tolerancja nie ma nic wspólnego z akceptacją, podobnie jak z zaciskaniem zębów ani zamykaniem oczu na to, co cię nie obchodzi albo wręcz przeciwnie – denerwuje. Prawdziwa tolerancja to zrozumienie. Zawsze wynika ona ze świadomości, że drugi człowiek ma prawo do błędu, do bycia sobą i decydowania o sobie. Ma prawo robić wszystko, co sprawia mu przyjemność, pod warunkiem że nikogo nie krzywdzi. Prawdziwa tolerancja wynika też ze zrozumienia, że nikt nie ma wpływu na to, jaki się urodził, gdzie się urodził, w jakiej rodzinie, z jakim ciałem i predyspozycjami.

Wbrew pozorom, nie ma to nic wspólnego z lewacką propagandą, która dąży do unifikacji wszystkich kultur na świecie. Wprost przeciwnie! Chodzi o szacunek do odmienności każdego człowieka i zgodę na jego rozwój. W rywalizacji czarnoskórych i białych wcale nie chodzi o stworzenie rasy mulatów. Celem tej walki jest doprowadzenie do tego, by czarni i biali mogli realizować się na takich samych warunkach.

Słowo „tolerancja" bywa dziś puste i traktowane wybiórczo. Stało się hasłem reklamowym, popkulturowym sloganem. Jego prawdziwe znaczenie stanie się jasne dopiero wtedy, kiedy uświadomisz sobie, że nikt nie jest doskonały, z tobą włącznie. Wystarczy parę banalnych prawd: że dostęp do ciepłej wody, smartfona i prądu wcale nie jest twoją zasługą, że często twoje przekonania wynikają z narzuconych wzorców kulturowych... Dopiero gdy zrozumiałem, jak bardzo jestem w istocie głupi, zrozumiałem znaczenie słowa „tolerancja".

„Nie przeszkadzają mi geje, lesbijki i transwestyci, ale przeszkadzają mi katole. Przeszkadzają mi mohery i Radio Maryja". Hipsterowi nie przeszkadza styl drugiego hipstera, ma przecież prawo być, kim chce. Przeszkadzają mu natomiast stare baby w tramwajach ze swoimi torbami. „Nie jestem za PO, ale przeszkadza mi PiS". To nie jest tolerancja. Tolerancja jest tu tylko asekuracyjnym hasłem na różne okazje. Jest tą furtką, która zawsze pozostaje otwarta. Jesteś tak postępowy, szczery i liberalny, że nie rozumiesz już nawet, jak można wierzyć w Boga. „Jak ten ciemnogród może w dalszym ciągu chodzić do kościoła i kłaniać się czemuś, czego nie widzi?" – pytasz ze zdziwieniem. Boisz się tego, czego nie rozumiesz. A zamiast się czegoś bać, wolisz po prostu zamaskować to słowem „tolerancja". Dodam tylko, że poznałem ostatnio ultrakatolika, z którym bardziej niż rzeczowo podyskutowałem na tematy wiary, duchowości, największych religii świata i najnowszych odkryć nauki. Da się? Da się!

„Skoro jesteś taki tolerancyjny, to dlaczego nie tolerujesz tego, że ja czegoś nie toleruję?" – to pytanie ciągle gdzieś się pojawia i pada w różnych dyskusjach. Zgadza się, każdy ma prawo do nietolerancji. Masz pełne prawo kogoś nienawidzić i żyć z tą nienawiścią – to twoja sprawa i nikt nie musi cię z tego stanu na siłę wyciągać. Jeśli natomiast przyjdzie moment, w którym będziesz chciał się nad tym zastanowić, to proponuję zacząć od pytania „dlaczego". Jaka jest przyczyna? Po prostu czujesz, że czegoś albo kogoś nie lubisz. Ale czy w głębi serca wiesz, dlaczego coś ci przeszkadza?

Jest to dokładnie ten sam schemat jak wtedy, kiedy przegrywasz w nowo poznaną grę. Nie idzie ci za dobrze, rzucasz to wszystko w cholerę i mówisz, że gra jest głupia. To nie gra jest głupia, misiu pysiu, po prostu ty nie umiesz grać. Albo nie umiesz, albo nie chcesz się nauczyć. Gwarantuję, że gdybyś wygrał z kimś w tę samą grę, nie powiedziałbyś tego. W najgorszym wypadku stwierdziłbyś, że ta gra nie robi na tobie żadnego wrażenia.

•

odmienność

•

Nie możemy wytrzymać sami ze sobą i przez tę wewnętrzną frustrację mamy ochotę zmieniać wszystkich naokoło. Nie chcemy zaakceptować faktu, że ktoś może być inny od nas. Mierzymy ludzi swoją miarą. Dopatrujemy się w innych tylko tych cech, które mamy sami. Co to zmieni, jeśli powiem teraz, że każdy człowiek jest inny? Odpowiesz od razu, że przecież każdy to wie. Być może, ale nie każdy to rozumie. Nie potrafię też wyrazić słowami różnicy pomiędzy wiedzą a zrozumieniem. Mogę o tym mówić wciąż i wciąż, a i tak niczego to nie zmieni. Tyle konfliktów rodzi się przez to, że nie potrafimy zrozumieć swojej odmienności, że jesteśmy pewni swojej wyższości. Chcemy przekonać wszystkich do własnych racji i koniecznie chcemy ich pozmieniać według naszego upodobania. Tyle wojen przez to wybuchło, tylu ludzi zginęło. W dwóch stronach konfliktu nigdy nie ma tej dobrej. Jest tylko nienawiść między nimi. Prawda leży zawsze pośrodku. Zapytany o to, po której stronie jesteś, nie jesteś tak naprawdę pytany o zdanie, tylko zapraszany do współdzielenia nienawiści. Otrzymujesz propozycję zostania wrogiem drugiej strony. Lepiej ją odrzuć. Dla własnego dobra odrzuć tę propozycję! Leczenie świata możesz rozpocząć od odmowy przyjmowania nienawiści od innych. Pozwól sobie wyrobić własne zdanie. Odetnij się od tego, czym jesteś karmiony. Nie przyjmuj czegoś tylko dlatego, że ktoś cię o to prosi, albo nawet czegoś od ciebie wymaga. Spróbuj zgłębić ten temat sam. Masz do dyspozycji badania, wnioski, rozmowy i rozwiązania. Zrozum, że każdym człowiekiem kierują inne motywy, i zanim odgadniesz, co tak naprawdę nim steruje, może być już za późno.

Co może być dzisiaj powodem do nietolerancji? Dosłownie wszystko. Wszystko, co lubisz robić, w co wierzysz, pod czym się podpisujesz, czego bronisz, z czym się identyfikujesz. Można nie tolerować słuchania rapu, death metalu, głosowania na PiS, głosowania na PO, oglądania wystąpień Korwina, chodzenia do kościoła, wyznawania odmiennych religii, wiary w Boga z siwą brodą, w życie pośmiertne, jeżdżenia starym autem, mieszkania w ubogiej dzielnicy, nisko płatnej pracy, bycia molem książkowym, zainteresowania mało inteligentną rozrywką, czerpania przyjemności z przypadkowego seksu.

Każda, nawet najmniejsza rzecz może być powodem do nietolerancji. Nie ograniczam się do haseł z pierwszych stron gazet, które mówią nam, że w pierwszej kolejności powinniśmy tolerować homoseksualistów, ateizm i seks przedmałżeński. Nie ciekawią mnie specjalnie pojedyncze przypadki. Interesuje mnie natomiast akt całkowitego zrozumienia dla drugiego człowieka, pełne uświadomienie sobie tego, że chociaż żyjemy na tej samej planecie, nie mamy żadnego obowiązku zawsze się ze sobą zgadzać, spędzać czasu w taki sam sposób i opowiadać, jacy to nie jesteśmy do siebie podobni.

Nie jesteśmy do siebie podobni! Nie byliśmy i zapewne prędko nie będziemy. Zamiast starać się zbić wszystkich w jedną, nierozróżnialną masę, spróbujmy raz na jakiś czas zrozumieć swoją odmienność.

religie

„Bóg" bywa dzisiaj martwym terminem. Ilu mamy tych bogów? Czy muzułmanie mają innego Boga niż chrześcijanie? Czy chrześcijanie mają innego Boga niż Żydzi? Nie! Mają po prostu inny sposób opowiadania o Nim. Mają inny system wierzeń, inne przykazania, inną tradycję, to wszystko. Tylko tyle i aż tyle.

Gdzie w takim razie jest ten Bóg? W każdym z nas. Każdy z nas miewa taki stan psychiczny, kiedy czuje, że ma kontakt z Bogiem. Od zawsze jedynym zadaniem religii było uświadomienie ludziom, że są istotami rozwiniętymi, i chociaż żyją w ciele kontrolowanym przez umysł, nie muszą utożsamiać się tylko z ciałem i umysłem. Problem pojawił się w momencie, kiedy instytucje religijne stały się niezbędnymi elementami pośredniczącymi w relacji pomiędzy człowiekiem a Bogiem. Każdy nawiązuje osobisty kontakt z czymś większym od siebie samego, a wmawianie ludziom, że do wiary potrzebne jest im coś jeszcze, jest pomyłką. Religia jest tylko duchowym zapisem kultury. Instytucje religijne, zamiast pełnić funkcję zwykłych promotorów i mecenasów, niejednokrotnie stają się „wymogiem". Tak jak rządy każą dziesiątkom tysięcy ludzi ginąć w bezsensownych wojnach, tak w sferze duchowej musimy uczestniczyć w „wojnach" opartych na dogmatach dobra i zła.

W Starym Testamencie imię Boga brzmi Jahwe. Nie jesteśmy w stanie opisać tetragrammatonu JHWH. Dlaczego? Ponieważ nie istnieje on w świecie materialnym, w którym żyjemy. Już sama próba nazwania i opisania go jest błędem. Dlatego właśnie w rozumieniu żydowskim nie powinno się nadużywać tego słowa – aby nie zasłaniać ludzkimi pojęciami tego bytu i nie zamykać ludziom oczu na coś, co tak naprawdę jest nie do znalezienia na tym świecie. Im bardziej skupiamy się na Bogu, tym dalej od prawdy jesteśmy. Można by zapytać, po co w takim razie ktokolwiek miałby próbować mówić o tym, o czym nie wolno mówić, czego nie można nazwać i wypowiedzieć? Ponieważ ktoś jednak to kiedyś poczuł, zrozumiał, że świat składa się z materii i czegoś niezbadanego. Jak ludzie do tego dochodzili? Nie mam pojęcia, może przez psychodeliki, medytację albo inne przeżycia mistyczne.

Czy religie służą kontrolowaniu ludzi? Nie. Instytucje religijne już bardziej. Ale one, podobnie jak państwa, służą też czemuś pozytywnemu. Jedne i drugie mogą być wykorzystywane w złych celach. Najczęściej wtedy, kiedy nieodpowiedzialne i głupie osoby zabierają się za robienie wielkich rzeczy. Wielkie rzeczy są zarezerwowane dla wielkich ludzi. Ci, którzy czują się niedowartościowani i niedocenieni przez społeczność, zrobią wszystko, żeby jak najszybciej zdobyć zasługi, uznanie i poklask. A tymczasem dobry król i władca to ten, którego nie widać.

Skupianie się na przekrętach Kościoła jest tak wybiórcze, jak skupianie się tylko na machlojach państwa. Jasne, że takie zjawiska są na porządku dziennym, ale czasem potrafią nam przysłonić dobro – które przecież też istnieje – ponieważ dostrzegamy już tylko zło. Pomimo wielu zbrodni na przestrzeni wieków, za które do dzisiaj pokutuje i przeprasza, Kościół robi też wiele dobrego. Powiecie, że religie zniewalają ludzi i trzymają ich za mordy. A ja odpowiem, że wielu ludziom dają wsparcie, pomagają przetrwać trudne chwile. Dają im nadzieję.

To, co tobie się wydaje głupie i dogmatyczne, dla kogoś innego może być dokładnie tym, czego potrzebuje.
Kim jesteś, aby mówić innym, jak mają żyć?

•

duchowość

•

Zakładam, że niektórzy mogą mieć już po dziurki w nosie tematu Boga i duchowości, poza tym nie wierzą ani w jedno, ani w drugie – cokolwiek te pojęcia miałyby oznaczać. Rozumiem to. Posługuję się przecież tylko umownymi terminami, a każdy czytający ma w głowie co innego, kiedy widzi te słowa. Budzą w nim jakieś emocje, obrazy, być może przychodzą mu na myśl inne słowa, a być może nie przychodzi zupełnie nic. To dobrze, nie ma dla mnie większego znaczenia, co kto widzi. Niesamowicie często okazuje się, że rozmawiamy o tym samym, posługując się odmienną terminologią. Walczymy czasem zaciekle, aby przekonać drugą stronę do swoich racji, nie zważając na to, że możemy mieć oczy zwrócone w tę samą stronę.

dusza

Z naukowego punktu widzenia można ją nazwać świadomością, a może nawet samoświadomością. Dlaczego w takim razie mówię „dusza" zamiast po prostu „świadomość"? Bo znaczenie duszy jest dla mnie z jakiegoś powodu dużo głębsze. Jeśli nauka wytłumaczy kiedyś wszystkie aspekty człowieczeństwa, z chęcią przeniosę swoje nazewnictwo na inny poziom. Na razie używam słów, którymi posługiwano się też kilka tysięcy lat temu. Przez duszę rozumiem samoświadomość, zdolność do introspekcji, obserwacji własnych uczuć, analizowania ich, wyciągania wniosków, panowania nad umysłem, umiejętność zatrzymania aktywności umysłu na zawołanie, nieprzywiązywanie się do emocji i myśli. Nauka oferuje znacznie więcej terminów związanych ze świadomością, chociażby podświadomość i nadświadomość. To wszystko razem wzięte oznacza dla mnie duszę. Można by powiedzieć, że jest ona człowieczeństwem, jestestwem, tym, co nas tworzy i co umożliwia wgląd w samych siebie.

Wyobraź sobie teraz samego siebie jako robota, a potem wyobraź sobie, że ktoś pozwala ci nim sterować. Właśnie tym, co steruje, jest dla mnie dusza.

duchowość

Powiedziałbym, że duchowość jest sztuką używania wolnej woli. Osoba znajdująca się na niskim poziomie duchowym może mieć problem z samokontrolą. Sterują nią żądze, instynkty, atawizmy i podświadome działania, które wydają jej się jej własnymi, ale tak naprawdę nimi nie są. Ktoś taki działa w przekonaniu, że jest odpowiedzialny za własne życie i potrafi całkowicie panować na swoim ciałem i umysłem. W rezultacie może krzywdzić bez przerwy samego siebie i wszystkich wokół. Zapytany o to, czy potrafi się kontrolować, oczywiście odpowie, że tak.

Człowiek na wysokim poziomie rozwoju duchowego przeciwnie, nie nosi w sobie niezrozumienia. Jeśli spotykają go cierpienie czy smutek, zazwyczaj znajduje wytłumaczenie i nie pozwala tym emocjom rozszerzyć się na całe ciało. Nie angażuje się w aktywności, w których nie widzi głębszego sensu, słyszy siebie i wykonuje czynności zgodnie ze swoją wolą i naturą. Panowanie nad swoją wolą jest niezmiernie trudne, niezależnie od tego, jak banalne może się to wydawać. Alkoholicy, narkomani, palacze i inni kompulsywnie uzależnieni wiedzą o tym doskonale. A dla wielu duchowość mimo wszystko wciąż jest zdecydowanie mniej ważna niż nowy telefon. Trudniej jest ogarnąć swoje życie, niż zapchać dziurę nową zabawką.

Nie wykluczam też, że tematy duchowości, wiary, religii i rozmowy o tym są po prostu naturalne na pewnym etapie dorastania człowieka i służą nauczeniu się tego, jak stać się „dobrym". Być może kiedy przekraczamy granicę dzieciństwa i wkraczamy w dorosłość, nasze mózgi weryfikują światopogląd na nowo i objawiają im się nowe prawdy, i niekoniecznie związane jest to z czymś, co nazywamy „siłą wyższą". Bo przecież nikt tak naprawdę nie wie, co jest po drugiej stronie. Wszystko jest domysłem.

niebo

Kiedy myślimy o niebie, podnosimy głowę do góry i patrzymy w chmury. Może nawet podświadomie wyobrażamy sobie, że po śmierci będziemy mieszkać z aniołkami w chmurach. Niebo w starożytnej terminologii oznaczało miejsce, w którym przebywa Bóg. Nie znaczy to, że do nieba pójdziemy dopiero, gdy umrzemy. Nie! Niebo jest dla mnie niemal tożsame z tym, co napisałem wcześniej o Bogu. Jest tu, na ziemi, i jest stanem psychicznym, do którego można dojść samemu, w tym życiu. Niebo oznacza ziemię wypełnioną ludźmi, którzy nie czekają na lepsze jutro, żeby się w nim znaleźć. Może zaistnieć na ziemi dopiero wtedy, gdy uda się uwolnić ludzi od ich ego, bezwartościowych potrzeb, czyli w skrócie – kiedy doznają „oświecenia".

piekło

Piekło jest dokładną odwrotnością nieba, czyli stanem życia na ziemi, w którym ludzie pozostają uśpieni, krzywdzą się nawzajem, nie potrafią się kontrolować, chcą zagarniać wszystko tylko dla siebie, nie szanują się nawzajem i nie potrafią żyć w grupie. Diabeł jest tym wszystkim, co ściąga ludzi na taką drogę, czyli przekonaniem, że drogą do szczęścia są przepych, rzeczy materialne, obsikanie nowego drzewa, zaspokajanie swoich bieżących potrzeb, a nie praca nad sobą.

Niebo i piekło – a więc ziemia pełna oświeconych ludzi i ziemia pełna nieoświeconych ludzi. Postać Szatana jest niestety w naszej kulturze nadużywana, co prowadzi do niepotrzebnych spięć. Niektórzy twierdzą nawet, że chrześcijanin czytający Kabałę jest na najlepszej drodze do Szatana. Nie ma to jak zasiać w ludziach jeszcze więcej strachu. Idąc tym tokiem rozumowania, można stwierdzić, że seks przedmałżeński prowadzi do Szatana, że Internet jest dziełem Szatana, i wszystko, co nie wiąże się z siedzeniem na tyłku w domu i miłowaniem swoich bliskich, również jest diabelską sprawką. Takie gadanie robi niestety zdecydowanie więcej złego niż dobrego.

grzech

To słowo zupełnie straciło swój pierwotny sens. Grzech stał się narzędziem budowania w ludziach strachu, z którego tak bardzo chcemy i powinniśmy się wyplątać. Jak ja rozumiem pojęcie grzechu w świetle tego, co mówił o nim Jezus? Grzech jest tym, co wtrąci cię do piekła, do stanu nieoświecenia i snu – stanu, w którym nie będziesz mógł się kontrolować, będziesz krzywdził siebie i innych.

„Wybaczcie im, bo nie wiedzą, co czynią" – te słowa określają ludzi, którzy krzywdzą innych, ale wbrew pozorom nie robią tego świadomie. Są przekonani, że są świadomi, ale w rzeczywistości tak nie jest, ponieważ ich czyny nie wypływają z nich samych. Są tylko przekazywanym od dawna cierpieniem. Grzech jest więc tym, do czego nakłania cię diabeł. Każda sytuacja, której poddajesz się nieświadomie, jest grzechem. Jeśli po chwili zdajesz sobie sprawę, że coś zrobiłeś nie tak, jak chciałbyś to zrobić, to zgrzeszyłeś. Tymczasem dzisiaj grzechem nazywa się dosłownie wszystko: nieślubne dziecko, seks przed ślubem, picie alkoholu przed osiemnastką, przeklinanie. A sens grzechu jest dużo, dużo głębszy. Człowiek musi się bardzo głęboko zastanowić, zanim właściwie pojmie, czym jest on naprawdę.

Spowiedź wydaje się niektórym trochę przestarzała. Jest w gruncie rzeczy dobra, ale przestarzała. Rozumiem jej działanie terapeutyczne, bo pozwala ludziom wypowiedzieć na głos to, co leży im na sercu. To faktycznie może leczyć i prawdopodobnie wielu już to odczuło. Kiedy już naprawdę nie ma się do kogo odezwać, można przynajmniej pogadać z księdzem, który zawsze wysłucha. Nie podoba mi się natomiast to, że łatwo można wpaść w pułapkę zrzucania winy na siły wyższe: „Jestem tylko grzesznikiem, to nie moja wina, że zgrzeszyłem. Wybacz mi, Ojcze. Proszę o kilka modlitw na odpokutowanie moich win, abym mógł zadośćuczynić". Nie widzę tu wielkiego pola do poprawy. Ksiądz zamiast zadawać do odmówienia zdrowaśki powinien zadawać mądre pytania. Czy naprawdę obiecujemy poprawę, kiedy mówimy w konfesjonale o „mocnym postanowieniu poprawy"? Może gdyby więcej ludzi chodziło na szczerą „spowiedź" do psychologa, a nie do konfesjonału, to dostałoby z tej inwestycji zdecydowanie większy zwrot? Nie jest to łatwe, wymaga większego wysiłku, no i nakładów finansowych. Łatwiej jest w ciemnym konfesjonale powiedzieć księdzu o tym, co się nosi w sobie, niż psychologowi, siedząc z nim w gabinecie twarzą w twarz. Dla ateistów terapia to rodzaj spowiedzi.

Popatrzmy na grzech jeszcze z innej strony, zestawiając tak odległe w czasie postaci jak Mojżesz i Darwin. Symbolizują one dwa spojrzenia na człowieka: od góry i od dołu. W Księdze Rodzaju czytamy, że człowiek był istotą doskonałą, żyjącą w raju – był obrazem Boga. Dopiero gdy po raz pierwszy zgrzeszył, spadł z tego tronu prosto w sidła świata materialnego. Mojżesz wiedział, że człowiek był oświecony, ale przestał taki być, i żeby wrócić do Boga, musi się Go nauczyć od nowa. Inne religie w mniejszym lub większym stopniu powielają tę historię. Niektórzy twierdzą, że człowiek rodzi się doskonały, a dopiero potem, pod wpływem społeczeństwa, a także indoktrynacji religijnej, traci tę doskonałość i może jedynie starać się powrócić do stanu pierwotnego. Byłoby to mniej więcej spójne z opowieścią z Księgi Rodzaju. Historia Adama i Ewy wcale nie mówi o naszych dalekich praprzodkach. Wszystkie te opowieści są tylko symbolami i metaforami opisującymi stan świata (także dzisiejszego) i mentalność człowieka. Darwin natomiast wyszedł z nową teorią, że człowiek nigdy nie był doskonały, nie miał wcześniej żadnej świadomości, dopiero teraz ewoluuje i staje się z czasem coraz doskonalszy. Może się oczywiście okazać, że teoria Darwina jest tylko teorią i ktoś ją za jakiś czas obali. To niewykluczone, ale pewnie mało prawdopodobne.

symbole

Kiedy zacząłem zgłębiać tematy związane z duchowością, przewijało się w tym wszystkim sporo symboli. Dziś wiem, że niektóre z nich mają tak mocno zakodowaną negatywną konotację w społeczeństwie, że zamiast przybliżać do poznania, mogą nas tylko od niego oddalić. Mówię tu o wszystkich pentagramach, kozłach, ćmach, motylach, drzewach życia, wężach i innych „symbolach zła". Znaki te nie zostały stworzone po to, żeby ściągać ludzi na złą drogę. Nie jest za to odpowiedzialne Imperium z *Gwiezdnych wojen*, żadna ciemna strona mocy. Wręcz przeciwnie, wszystkie znaki okultystyczne i wszystko to, co przeciętna polska babcia mogłaby pokropić wodą święconą, jest nastawione tylko na jeden cel – wyzwalanie ludzi z mentalnych klatek, w których się nieświadomie zamykają.

Biblijny wąż ma nas rzekomo sprowadzać na złą drogę, ale niestety – nie można poznać, czym jest dobro, dopóki nie pozna się zła. Sądzę, że nie da się poznać chrześcijaństwa bez jego kwestionowania, a w niektórych przypadkach nawet całkowitego odwrócenia się od niego. Dopiero po takim przeżyciu można „nawracać się” z czystym sercem i z pełnym przekonaniem. Bez tego religia jest zwykłym dogmatem i wiarą na słowo.

Czytałem o magii i rytuałach magicznych, inwokacjach i zaklęciach. Teraz wiem, że to tylko kolejne metafory zjawisk metafizycznych i sposoby na odblokowanie człowieka, który zagubił się w codzienności. Być może, żeby udowodnić komuś, że za szarą rzeczywistością kryje się coś więcej, trzeba posługiwać się przykładami zjawisk nadprzyrodzonych i pokazać, że wszystko zależy od jego silnej, wolnej woli. Kiedyś miałem wrażenie, że wszystko, co widzę, nie jest prawdziwe, że to tylko złudzenie mojego umysłu, a wszyscy ludzie wokół tak naprawdę nie istnieją. Wiem, to wygląda jak początki choroby psychicznej. Chociaż z naukowego punktu widzenia nie jesteśmy w stanie udowodnić, czy tak nie jest, na dłuższą metę funkcjonowanie w taki sposób staje się niemożliwe. Dlatego jestem przekonany, że żyjemy na tym świecie nie po to, żeby się od niego odciąć. Nie powinniśmy uznawać życia na ziemi za „karę”, traktować go jak jednego wielkiego snu i patrzeć na wszystko przez soczewkę cynizmu.

•

cicada 3301

•

W styczniu 2012 roku w Internecie, na portalu 4chan, pojawiła się zagadkowa wiadomość:

> Witajcie. Szukamy wysoce inteligentnych indywidualności. Aby je znaleźć, stworzyliśmy specjalny test. W tym obrazie została ukryta wiadomość. Znajdź ją, a trafisz na drogę, która w końcu skieruje cię do nas. Nie możemy się doczekać spotkania z tymi kilkoma osobami, które przebędą całą drogę. Powodzenia.

Po rozwiązaniu jednej zagadki trafiało się na kolejną. Seria tajemniczych zadań została stworzona przez grupę Cicada 3301. „The Washington Post" napisał, że jest to jedna z najlepszych i wciąż nierozwiązanych zagadek Internetu. Plakaty „odsyłające" do organizacji rozwieszane były na całym świecie, w tym w Warszawie. Zainteresowanych odsyłam na nieoficjalną stronę www.cicada3301.org. Na stronie znajdziecie rozwiązane do tej pory i opisane zagadki, a wśród nich takie teksty, jak:

> Zaprogramuj swój umysł. Zaprogramuj rzeczywistość. Kwestionuj wszystko. Podążaj za swoją prawdą. Rozkazuj sam sobie. Każda inteligencja jest święta.

Długo zastanawiałem się, co to wszystko może znaczyć. Sporo jest w tym nawiązań do Thelemy Aleistera Crowleya. Jak rozumieć hasło „odkryj prawdę w samym sobie"? Komuś, kto czyta to po raz pierwszy, sprawa wydaje się tak zagmatwana, że nie wie nawet, od której strony do tego podejść. Jedno mogę wam powiedzieć na pewno – Cicada nikogo nie szuka. Nie rekrutuje do żadnej organizacji, prowadzącej ściśle tajne projekty. Nie chodzi o to, żeby do nich dołączyć, ale o rozwiązywanie zagadek.

Celem Cicady jest zmuszenie do zastanowienia się, ruszenia dupy w poszukiwaniu prawdy. Mnie chodzi zupełnie o to samo. Te zagadki nie mają końca, na mecie nic na was nie czeka. Chodzi o inspirację do odkrywania samych siebie i prawdy o świecie, o oświecenie. Skąd to wiem? Nie znam twórców tej zabawy. Mogę powiedzieć, że to rozumiem. Dlaczego na rysunkach Cicady często pojawia się ćma? Dlatego, że tak jak feniks jest symbolem przemiany i odrodzenia. Chodzi o to, by narodzić się na nowo. Byłeś oświecony jako dziecko, zostałeś złamany przez system i otoczenie, a teraz tylko w twojej mocy leży możliwość ponownych narodzin i zrozumienia na nowo tego, co rozumiałeś jako dziecko. Jeśli sprawia ci przyjemność rozwiązywanie zagadek Cicady, to śmiało. Ale rób to ze świadomością, że na końcu nie ma nic. Tylko zrozumienie, że przez cały ten czas goniłeś za króliczkiem.

•

studia

•

Rozmawiałem wczoraj ze znajomym. Żalił się, że nie może znaleźć ludzi do swojej firmy. Praca jest i czeka, a jednak nie ma nikogo, kto chciałby po nią sięgnąć. „W czym problem?" – zapytałem go. Odpowiedział, że ludziom po prostu nie chce się pracować. Nie dlatego, że są leniwi – mają po prostu zbyt wybujałą samoocenę. Trudno im zrozumieć, że pierwsza praca po ukończeniu pięcioletnich studiów z zarządzania nie będzie polegać na zarządzaniu. Wow! Niesamowite, nie? Tak mocno wbito im do głów, że w życiu wystarczy skończyć dobrą szkołę, że teraz nie potrafią się odnaleźć. Owszem, trudno ich za to winić. Kiedyś było łatwiej, za komuny nie było prawie nic, ale świat był dzięki temu prostszy. Dorastasz, idziesz do szkoły, kończysz szkołę, idziesz do pracy, która już na ciebie czeka. Dlatego właśnie poprzednie pokolenie do dzisiaj może być przekonane, że studia gwarantują lepsze życie. Tak było, ale dzisiaj świat już tak nie działa. Nie ma gotowych stanowisk, jest za to zatrzęsienie magistrów z przerośniętym ego. Nikt przecież nie upodli się na tyle, żeby po ekonomii pójść do pracy, w której będzie musiał tylko podawać papiery, prawda? Nie twierdzę, że studia nie są potrzebne. Mówię, że są tylko dodatkiem. Nie można na nich całkowicie polegać, nie są gwarancją lepszego jutra.

Mówi się, że na świecie są dwa typy ludzi – samoucy i nieucy. Można to interpretować na kilka sposobów. Pierwszy i najbardziej oczywisty jest taki, że ci, którzy mają coś w życiu osiągnąć, osiągną to nawet bez szkoły, a reszta nie osiągnie niczego nawet po wieloletnich studiach. Moim zdaniem można to porównanie odebrać inaczej: Człowiek uczy się tylko tego, czego sam chce się nauczyć. Kiedy ktoś idzie na studia fotograficzne i jest naprawdę zainteresowany fotografią, wiedza wchodzić mu będzie do głowy naturalnie, bez wysiłku. Mózg nastawi się na poszukiwanie nowych informacji z tego zakresu i będzie je chłonąć jak gąbka, jak umysł dziecka. Ten sam fotograf na studiach prawniczych owszem, może zdać wszystko na 5,0 i być najlepszym studentem w grupie. Ale jeśli nie będzie tym naprawdę i szczerze zainteresowany, to na tym się skończy. Po ukończeniu uczelni nie będzie potrafił zastosować w praktyce najprostszej rzeczy, której się nauczył. I tak właśnie maszerujemy dzisiaj hordami na uczelnie wyższe. Na kierunki, które nas po prostu nie interesują i nudzą.

Na Zachodzie dosyć popularny jest tak zwany *gap year*, rok przerwy pomiędzy liceum a studiami – po to, żeby nabrać perspektywy, odsapnąć, nauczyć się instrukcji obsługi samego siebie. Nie patrzeć na świat przez soczewkę szkoły, nauczycieli, klasowych buców i fobii. W Polsce *gap year* właściwie nie istnieje. Bezrefleksyjnie przemy całym motłochem po tytuł magistra. Nie studiujemy tego, co nas interesuje. Studiujemy to, co interesuje naszych starszych kolegów, naszych rodziców albo naszych rówieśników. Wybierając studia, które nas nie obchodzą, marnujemy tylko pieniądze opiekunów inwestujących w naszą przyszłość. Czasem lepiej wziąć wszystkie te ich pieniądze, które by wydali przez pięć lat, i założyć jakąś działalność. Albo od razu iść do pracy.

6

RELACJE

W TLE:

Sigur Rós • *Andvari*

•

Siedzę w knajpie, na uszach mam słuchawki. Niesamowite jest patrzenie na ludzi, kiedy muzyka gra tylko dla ciebie. Kochałem obserwować świat w ten sposób już na studiach, kiedy jeździłem komunikacją miejską. Zupełnie inaczej odbierasz ruchy i gesty pozostałych ludzi, kiedy odetniesz swój zmysł słuchu i wypełnisz go muzyką wprawiającą duszę w drgania. Patrzysz na życie przez jej pryzmat. Wciąż nie mogę się nadziwić, jak bardzo muzyka potrafi zmienić nasze postrzeganie świata. Nie przez słowa. Przez klimat, który przenosi.

Przypatruję się teraz dwóm kobietom, które zawzięcie dyskutują. Starsza pani ma ogromną potrzebę przekonania drugiej, młodszej pani do swoich racji. Pokazuje jej coś w telefonie. Ileż tu jest masek, ile fasady. Samo przebywanie w takim towarzystwie byłoby dla mnie kiedyś bolesne. Im więcej fałszu czułem na skórze, tym mniej miałem ochotę przebywać w takim gronie. Mama nauczyła mnie, że udawanie zawsze widać w oczach. Od najmłodszych lat słyszałem, że oczy są zwierciadłem duszy, że w oczach zawsze zobaczysz prawdę. Nie sposób się z tym nie zgodzić. Za każdym razem, kiedyś coś nabroiłem, musiałem pokazać oczy. Można w nich było czytać jak w otwartej księdze.

Najsmutniejsze są pary, które siedzą naprzeciw siebie i się nie odzywają. Błądzą wzrokiem w poszukiwaniu czegoś nowego, nie potrafią spojrzeć sobie w oczy, nie mają już wspólnych tematów. Boją się rozstania i wolą trwać w tym stanie. Tak jest bezpieczniej, choć życie nie daje już radości. Przykro mi z powodu tej pani, która nie odzywa się do swojego faceta. Przykro mi z powodu faceta, który nie odzywa się do swojej kobiety. Na ich twarzach smutek zaczyna się powoli przeradzać w gniew. Gniew zacznie powoli przeradzać się w nienawiść. Nienawiść wypłynie w najmniej spodziewanej postaci, choćby zbitego kubka z Ikei za trzy pięćdziesiąt. Zbierają się już. Zakładają płaszcze, żeby wrócić do domu i dalej się do siebie nie odzywać.

•

wspólnota

•

Nic tak mocno nie wiąże ludzi jak wspólny ból. Nie przeżywamy wspólnych radości, przeżywamy wspólne tragedie. To potrafi spajać nawet całe narody. Dlaczego łączymy się w grupy terapeutyczne, w których jedni anonimowi alkoholicy leczą drugich anonimowych alkoholików? Nie jest tam potrzebny żaden lekarz: ludzie leczą siebie nawzajem. Nikt tak jak oni nie potrafi lepiej zrozumieć drugiej osoby i bólu, który nosi albo nosiła w sobie. Mają tylko swoją Wielką Księgę (dzisiaj zredukowaną do kilkunastu zasad i już nie taką wielką) i dwanaście kroków, których się trzymają; niczego więcej nie potrzebują.

Pierwszą wspólnotę Anonimowych Alkoholików założyło dwóch facetów uzależnionych od alkoholu – Bill Wilson i Bob Smith. Zauważyli, że nic tak im nie pomaga w utrzymaniu abstynencji jak rozmowa. Doszli wspólnie do tego, że gdyby pozwolić ludziom na rozwiązywanie ich własnych problemów, to mogliby leczyć siebie nawzajem, bez potrzeby zatrudniania specjalistów. Alkoholizm sam w sobie nie jest przyczyną problemów – jest tylko próbą ich rozwiązania. Prawdziwym problemem zawsze, ale to zawsze, jest strach przed życiem.

Strach przed życiem może być najczęstszą chorobą świata. Mało kto podejmuje się leczenia tego lęku – wszyscy są skupieni na objawach. Jestem pełen uznania dla tych dwóch panów, którzy założyli AA. Zrobili dla świata więcej dobrego niż niejeden showman, aktor czy celebryta z telewizji i pierwszych stron gazet. Jak często się o nich mówi? Rzadko. Ile się mówi o błaznach z telewizji? Non stop. Mówię też o sobie. Patrzymy w złą stronę.

Co ciekawe, Bill Wilson w jednym z wystąpień opowiedział o znaczącym wpływie LSD na swoje życie. Dzięki doświadczeniom psychodelicznym zrozumiał, że jest coś większego niż my sami. Podobne podejście do postrzegania siebie chciał przekazać ludziom walczącym z nałogiem.

•

stres

•

Co robimy, kiedy czujemy nieustający stres, ścisk w klatce piersiowej i notoryczne napięcie całego ciała? Idziemy do lekarzy i próbujemy rozwiązywać wszystkie swoje problemy po kolei. Obolałe mięśnie ramion i szyi masujemy u fizjoterapeuty. Zamiast zastanowić się, co jest przyczyną tego stresu, który spina nam mięśnie, idziemy tak naprawdę po chwilę ulgi i tabletkę przeciwbólową. Nie mamy ochoty zgłębiać prawdziwych przyczyn problemu. Chcemy natychmiast wrócić do wcześniejszego stanu używalności.

Z czego bierze się poczucie „gorszości"? Z porównywania się do innych. Skąd wiedziałbyś, że czegoś ci brakuje, jeśli nie miałbyś bodźców zewnętrznych, które cię o tym w kółko przekonują? Skąd wiedziałbyś, że ktoś cię nie lubi i nie akceptuje, jeśli nie widziałbyś, jak to jest być akceptowanym? Skąd wiedziałbyś, że masz mało pieniędzy, jeśli nie zostałoby ci wtłoczone do głowy, ile to jest mało pieniędzy? Skąd wiedziałbyś, że twoja praca nie jest wystarczająco fajna, gdybyś nie miał się do kogo porównać?

Większość z nas nie żyje dla siebie, żyje dla innych. Dopóki tego nie zmienisz, będziesz się bał życia i nieustannego porównywania. Każde nowe przedsięwzięcie zbuduje najpierw w twojej głowie obraz ciebie samego postawionego przed sądem. Tak jak kiedyś lękano się Nerona, który pokazywał kciuk w górę albo w dół, tak samo ty boisz się, jaki znak otrzymasz od otoczenia. Prawda zaczyna do nas docierać dopiero na starość.

Przeczytałem wczoraj ciekawe badania, które mówią o tym, że istnieje na świecie jakiś powtarzalny wzorzec zadowolenia z życia.

Pokazuje on, że poziom szczęścia od nastoletniości wciąż spada i w okolicach czterdziestki–pięćdziesiątki jest najniższy – dopiero potem wzrasta i wraca do początkowej wielkości na starość. Taka litera „U":

Ten spadek formy jest najczęściej nazywany kryzysem wieku średniego. Co jest jego przyczyną? Rozczarowanie życiem. Od dziecka budujemy sobie w głowie obraz samych siebie.

Tego, kim chcielibyśmy być, co chcielibyśmy osiągnąć, ile chcielibyśmy zarabiać. Aż tu nagle okazuje się, im bardziej przybliżamy się do tego celu, tym bardziej zaczynamy zauważać jego bezsensowność. Wspinamy się na wierzchołek góry, którą chcieliśmy zdobyć, i dociera do nas, że tak naprawdę nic ciekawego na niej nie ma, a przynajmniej nie ma tam tego, czego się spodziewaliśmy.

Jakim cudem osoby, które mają fantastyczną pracę, wspaniałe rodziny i bezpieczną sytuację finansową, czują niezadowolenie z życia? Jak to jest możliwe?! Współczesna cywilizacja przygotowuje nas do myślenia w takich kategoriach tylko po to, żebyśmy w końcu z niego zrezygnowali i zrozumieli, że większość rzeczy, o które wcześniej walczyliśmy, nie jest wcale tak ważna, jak nam się wydawało. Zaczynamy śmiać się sami z siebie i przestajemy ogarniać, jak mogliśmy być wcześniej tacy głupi. Dlatego właśnie starsi patrzą często na młodych pobłażliwie, z lekkim uśmiechem na twarzy. Bawi ich to, że młodszym chce się jeszcze coś komukolwiek udowadniać, stroszyć piórka i ciągle za czymś gonić. W dłuższej perspektywie nie ma to żadnego znaczenia. Do człowieka zaczyna w końcu docierać to, że żyje dla siebie i musi przestać przejmować się tym, co myślą inni.

Prawda ta dociera do ludzi na różnych etapach ich życia. Niektórzy zaczynają ją rozumieć bardzo wcześnie. Niektórzy w okolicach mojego wieku (dwadzieścia siedem lat). Niektórym objawia się ona dopiero na łożu śmierci. Chciałbym, aby tych ostatnich było jak najmniej. Im wcześniej zrozumiesz to, co do niektórych dociera bardzo późno, tym dłużej będziesz mógł żyć swoim życiem.

introwersja

Jest grupka ludzi, którzy ponad wszystko cenią sobie szczerość i autentyczność. Nazywa się ich introwertykami. Popularny jest pogląd, że w przeciwieństwie do ekstrawertyków czerpią oni energię z chwil, kiedy są sami, a tracą ją w grupie. Mam inną teorię: zyskują energię, kiedy obcują z prawdą i autentycznością, a tracą ją w obliczu fałszu. Nie mogą znieść grup społecznych, w których nie można być sobą, grup, w których trzeba udawać. Nie ma to nic wspólnego z liczebnością. Nie chodzi o to, że introwertyk woli być zamknięty w sobie, boi się ludzi i najlepiej się czuje w samotności. Nie. Najlepiej czuje się, kiedy nie doświadcza kłamstwa.

Introwersja to dar. To umiejętność rozpoznania natury drugiego człowieka. Choć czasami nie potrafią tego wytłumaczyć, introwertycy odczuwają, kiedy ich relacja z drugim człowiekiem opiera się na fałszu. Wiedzą, że coś jest nie tak. Potrafią zajrzeć w głąb, prosto w oczy, i dostrzec to, co kryje się za niewidzialną kurtyną. Uwielbiają kontakty szczere, niezakłócone, bez napięcia. Nie znoszą wielkich zbiorowisk, w których wszyscy zakładają weneckie maski i świecą światłem odbitym. Dlatego właśnie często mówi się, że introwertyk woli kameralne spotkania. Owszem, ale nie dlatego, że nie cierpi ludzi. Po prostu łatwiej wtedy o zachowanie autentyczności. Nie potrafię wyobrazić sobie kilkusetosobowego zgromadzenia, w którym każdy jest sobą.

Są w życiu rzeczy, których robienie dodaje nam energii. Są również rzeczy, których wykonywanie nam tę energię zabiera. Jeśli niesamowitą, prawdziwą radość sprawia ci tworzenie muzyki, to nie powiesz nigdy, że to odbiera ci energię. Z drugiej strony, spróbuj zaangażować się w coś, czego nie cierpisz. Energia zacznie cię opuszczać bardzo szybko. Dlatego według mnie nie ma czegoś takiego jak lenistwo w sensie niechęci do robienia czegokolwiek. Lenistwem jest dla mnie wykonywanie rzeczy, których się nie znosi, lub niewykonywanie rzeczy, które się kocha. Lenistwo wiele mówi o naszej naturze.

Introwertycy nieraz nie potrafią znieść, kiedy ktoś odrzuca ich dobroć. Starają się, są dla kogoś mili, a druga osoba tego nie docenia i ma to w dupie. Poczucie odrzucenia jest trudne do przepracowania i zrozumienia. A to właśnie zrozumienie drugiego człowieka pozwala nam lepiej zrozumieć nas samych. I odwrotnie, wewnętrzna zmiana dokona się w nas sama, jeśli postaramy się zrozumieć nie tylko siebie, ale też drugiego człowieka.

Co kieruje człowiekiem, który odrzuca naszą dobroć? Dlaczego zachował się tak, a nie inaczej? Co doprowadziło do naszego zranienia? Czy zawiniła tylko nasza postawa, czy też jego? Jak wygląda jego życie? Czy coś go boli? Czy może cierpi jeszcze bardziej od nas? To wszystko bezpośrednio wpływa na sposób, w jaki jesteśmy traktowani. Czy zasłużyłem na to, że ktoś mi zajechał drogę i zatrąbił bez powodu? Nie zasłużyłem, nie zrobiłem nic złego. Musiało to być w takim razie coś kotłującego się w głowie tej osoby, która tak zrobiła. Prawdopodobnie chciałaby mnie nawet za to przeprosić, ale nie potrafi przyznać się do błędu i broni swojej dumy. Ludzie chcieliby być dobrzy. Ale po prostu nie wiedzą, co mają robić, żeby się takimi stać.

•

związki

•

W większości związków są dwie strony: potrzebująca i dająca. Tych, które nie mają takiego schematu, jest bardzo mało. W większości da się wyróżnić osobę, która kogoś potrzebuje, i osobę, która lubi być potrzebna – na tej podstawie najczęściej się dobieramy. Nie szukamy osób, które są odmienne od nas. Nie wierzymy w to, że przeciwieństwa się przyciągają. Szukamy drugich nas. Chcemy być z kimś, kto przejawia jak najwięcej naszych cech. Jedyną cechą odróżniającą może być przeciwna płeć, ale to też już nie ma dzisiaj takiego znaczenia. Marzymy o lustrzanym odbiciu naszej duszy w drugiej osobie. Uważamy, że dopiero wtedy znaleźliśmy drugą połówkę.

Może to być bardzo niebezpieczne. Nadzieja na to, że ktoś rozwiąże nasze problemy, dopełni nasze braki i zaoferuje nam coś, czego sami nie potrafimy wytworzyć, że pomoże nam zapomnieć o dawnych krzywdach, może się okazać pułapką. Są związki, w których ludzie nie oczekują od siebie niczego w zamian – po prostu lubią spędzać ze sobą czas. Wspólne towarzystwo samo w sobie daje im radość. Nie składają obietnic do spełnienia ani przyrzeczeń do końca życia. Nie mają złudzeń, że człowiek potrafi pozostać taki sam przez kilkadziesiąt lat. Jeśli coś się skończy, to się skończy.

Wyobraź sobie, że dwie chore osoby, psychicznie skrzywdzone, które nie ufają sobie ani innym i boją się o jutro, decydują się na związek. Nie mogą uwierzyć, że ktoś na tej ziemi może mieć identyczne skrzywienie i takie samo nastawienie do świata – potrafią godzinami rozmawiać o tym samym i dogadywać się bez słów. Są przeszczęśliwe! Nie muszą się już nawet komunikować werbalnie, wszystko odbywa się na bardzo głębokim, emocjonalnym, wręcz telepatycznym poziomie. Spędzają ze sobą każdą wolną chwilę i zapominają o świecie, w którym żyli przed związkiem. Zapominają o wcześniejszych kontaktach, pasjach i niezrealizowanych marzeniach. Od teraz liczy się związek z tym, na kogo czekali przez całe życie. Otrzymali od życia największy dar. Otrzymali osobę, która ich rozumie i wypełnia, prawda?

Ale im większa fascynacja, tym większy upadek. Wysoka fala musi w końcu opaść. To, co się urodziło, musi umrzeć, i tak dalej. Każdy o tym słyszał, nie każdy o tym pamięta. Im większe zauroczenie, im mocniej czujemy motylki w brzuchu i ciepełko w sercu, tym bardziej możemy być pewni, że to minie. A kiedy już minie, ich brak może zacząć boleć. Im mocniej jesteś kimś zafascynowany i chcesz ciągle przebywać w jego towarzystwie, tym bardziej pokazuje ci to twoje wewnętrzne braki. Z każdego takiego związku możesz wyciągnąć lekcję, dzięki której dowiesz się, czego ci tak naprawdę brakowało: pewności siebie, urody, pieniędzy, zdolności artystycznych, kontaktów międzyludzkich? Twoja lista braków może być naprawdę długa. Za każdym razem, kiedy patrzysz na kogoś z podziwem, widzisz jak na dłoni własne niedoskonałości. Nie widzisz tam drugiej osoby, tylko siebie w wersji ekstra. Takiego, który przeskoczył kilka poziomów wyżej.

•

rozstanie

•

Po pewnym czasie te dwie osoby, które weszły w związek, nie są już takie same. Zmieniły się. Nauczyły się czegoś o sobie. Jedna z nich może iść w kierunku zrozumienia siebie, a druga potencjalnie brnąć jeszcze głębiej w chorobę i większe skrzywdzenie. Ludzie nigdy nie pozostają tacy sami – dorastają, nabierają doświadczenia, wyciągają wnioski i bardzo chcieliby wykorzystać je w życiu. Czy zawsze mogą to zrobić? Niekoniecznie. Kiedy zaczynasz rozumieć, że twój związek może nie być dla ciebie zbyt zdrowy, ogranicza cię i każe ci być kimś, kim tak naprawdę nie chcesz być, jaki masz wybór? Możesz się przełamać i stwierdzić: „Dość tego!". Chcesz zacząć w końcu żyć, oddychać i cieszyć się chwilą. Mówisz o tym drugiej połówce, ale ona nie chce cię wypuścić. Odpowiada, że jeśli odejdziesz, sprawisz jej ogromny ból. Co wtedy robisz? Naturalnie, nie chcesz jej krzywdzić, nie jesteś sadystą. Jednocześnie wiesz, że się zmieniłeś, że ten związek nie daje ci już takiej radości jak wcześniej. Masz zatem wybór: albo iść swoją drogą i skrzywdzić tym ruchem bliską osobę, albo zostać, męczyć się, ale jej nie krzywdzić. To niebezpieczny schemat i nie dotyczy on tylko związków partnerskich. Jest obecny w związkach między dziećmi a rodzicami, między znajomymi i przyjaciółmi. Po prostu między dwiema osobami. Można go znaleźć wszędzie.

„Jaką mam pewność, że osoba, którą opuszczam, nic sobie nie zrobi? Czy nie popadnie w depresję albo, co gorsza, odpukać, nie będzie miała myśli samobójczych?" Potrafisz na to odpowiedzieć? Nie potrafisz. Ale myślisz o tym, spędza ci to sen z powiek. Nie możesz sobie poradzić z tym pytaniem, zbyt mocno w tobie tkwi. Dlatego część ludzi zdecyduje się na trwanie w stanie zawieszenia. Nie zdobędzie się na to, by zapewnić sobie szczęście. Delektuje się ochłapami z przekonaniem, że zostając, da chociaż złudne szczęście drugiej osobie. Wiesz co? Nie daje to nawet złudnego wrażenia. Druga połówka doskonale wie, że coś jest nie tak. Boi się do tego przyznać przed samą sobą, ale doskonale wie, że coś tu nie gra. Nie zna wyjścia z tej sytuacji, nie ma pojęcia, jak można ją naprawić, ale czego boi się najbardziej? Stracić drugiego człowieka na zawsze. Ta myśl jest nie do zniesienia. Strach jest potężniejszy od bylejakości i działa na zasadzie: „Już lepiej leżeć w gównie, niż w czymś, czego nie znamy".

Jeśli chcesz odejść, a druga strona nie chce cię puścić, to możesz być pewien, że już nie chce dla ciebie dobrze. Twoje szczęście nie jest dla niej istotne. Od tego momentu zaczyna myśleć tylko o sobie. Może to samo powinieneś zrobić ty? Tyle że ty nie uciekasz się do szantażu emocjonalnego. Nie opowiadasz o tym, jak trudno ci będzie znieść rozstanie. Nie grozisz, że coś sobie zrobisz. Nie powtarzasz, że ten związek był dla ciebie bardzo ważny i teraz nie masz pojęcia, co ze sobą począć.

Czy takie związki są zatem szkodliwe? Nie! Uczą nas instrukcji obsługi nas samych. Mało jest sytuacji w życiu, które naprawdę dają nam taką możliwość. Związki (nie tylko miłosne) są najlepszą drogą do rozwoju i wyciągnięcia wniosków z naszych zachowań. Im mocniejszy związek, tym więcej nam pokazuje. Ale im mocniejszy związek, tym trudniej też się z niego wyplątać. Tak na dobrą sprawę, w głębi serca nie chcemy się uczyć, nie chcemy wyciągać wniosków ani iść dalej. Nie chcemy się wybudzać – wolimy spać i trwać w zawieszeniu. Jeśli tylko ktoś byłby w stanie dać nam złudzenie trwania w tym stanie, bylibyśmy gotowi oddać wszystko.

Tyle już zainwestowaliśmy w jeden związek, że nierozsądnie byłoby zrywać, zgadza się? Takie mamy odczucie, do tego przekonuje nas społeczeństwo. Jak można chcieć się z kimś rozstać w sytuacji, kiedy już tyle lat spędziliśmy razem i zbudowaliśmy coś tak trwałego? Nie uważam, żeby w życiu było cokolwiek trwałego. Państwa wydają się trwałe, dopóki nie wejdą i nie zagarną ich obce wojska. World Trade Center wydawały się trwałe, dopóki ktoś nie stwierdził, że uderzy w nie samolotami. Dynastie i rody magnackie wydają się trwałe, dopóki jeden z synów czegoś nie zawali. Na siłę próbujemy utrzymać trwałość każdej rzeczy, z którą mamy do czynienia. Im mocniej staramy się coś przy sobie zatrzymać, tym mocniej cierpimy.

Gdy śledzę w myślach mój związek, przyznaję, że zachowywałem się tak samo. Szukałem kiedyś kogoś, kto wypełni moje braki, z kim mógłbym poczuć realną więź. Tak bardzo nie potrafiłem dogadać się ze światem, że chciałem znaleźć chociaż jedną osobę, z którą mógłbym iść przez życie. Człowiek posuwa się do wielu dziwnych zachowań, żeby to osiągnąć. Żeby zdobyć to, czego – jak mu się wydaje – potrzebuje, jest w stanie poświęcić siebie, to, kim jest, swoje wartości. Omamiony chęcią zdobycia uznania, może zakładać najróżniejsze maski. Kiedy już się to uda, po pewnym czasie będzie chciał, aby obiekt zainteresowania zmieniał się zgodnie z jego upodobaniami. Wymusza na nim takie cechy, jakie chciałby w nim widzieć: „Dlaczego nie włożysz tego?! Dlaczego zrobiłaś to tak, a nie inaczej? Dlaczego nie mogłaś tego ogarnąć? Dlaczego tego nie rozumiesz?". Nie dostrzega, że problem nie leży w drugiej osobie, a w nim samym.

Dopiero kiedy jesteś w stanie żyć w zgodzie sam ze sobą, możesz zacząć żyć w zgodzie z kimś innym, nie odwrotnie. Wbrew pozorom najlepsze związki to te, w których żadna z osób nie potrzebuje drugiej do szczęścia. Dobrze im razem, ale nie potrzebują się nawzajem. Nie patrzą na siebie, ale patrzą w tę samą stronę. Jest to niezwykle rzadkie i trudne, ale możliwe i konieczne do zbudowania prawdziwie udanego związku. Nie pokrywa się to z powszechnie przyjętym modelem i łamie konwenanse, ale jest zdrowe: mniej dramatów, mniej krzyków, mniej roszczeń, mniej obaw, mniej wzajemnego zmieniania się. Po prostu wspólna podróż przez życie i możliwość uczenia się od siebie nawzajem. Kiedy jesteśmy z kimś, kto jest taki sam jak my, ile możemy się od tej osoby nauczyć? Niewiele. Kiedy jesteśmy z kimś, kto jest wręcz naszym przeciwieństwem, ale akceptuje nas takimi, jakimi jesteśmy, możemy się nauczyć wiele.

Nie do końca rozumiem model trzymania się na siłę razem przez całe życie. Bo tak, na siłę. Oczywiście, jeśli jest dobrze, nie trzeba nic zmieniać, wystarczy się cieszyć. Nie ma się też co poddawać i rezygnować przy pierwszej przeszkodzie. Ale jak niezdrowe musi być trwanie w związku, który już nie daje radości! Zamiast poszukać w życiu szczęścia, tkwimy w jakiejś relacji w obawie przed ostracyzmem, ponieważ martwimy się, co powiedzą inni, jak nas ocenią, co sobie pomyślą, co będą rozpowiadać za naszymi plecami. Dopóki będziemy warunkować swoje szczęście tym, co pomyślą o nas inni, dopóty będziemy cierpieć.

A tak przy okazji, co do plotkowania za plecami. Jeśli ktoś obgaduje przy tobie kogoś innego, możesz być pewien, że obgaduje też ciebie, kiedy rozmawia z kimś innym.

przymus

Musisz. Najgorsze słowo świata. MUSISZ być szczęśliwy. MUSISZ robić to, co ci daje radość. MUSISZ znaleźć swoją pasję. MUSISZ żyć w superzwiązku. MUSISZ spłodzić syna i MUSISZ zasadzić drzewo. Musisz. Kurczę, co za tragedia z tym słowem! Zbieramy od społeczeństwa wszystkie te „złote zasady" i staramy się jakoś w nich odnaleźć. Zastanawiamy się, jak nasza obecna sytuacja wpisuje się w to, co powinniśmy aktualnie robić. Czy miejsce, w którym się teraz znajdujemy, spełnia wszystkie założenia, którymi żyje nasza głowa?

Czy jestem szczęśliwy? Nie jestem? O cholera! Co mogę zrobić, żeby być? Nie mam pojęcia. O cholera. To jak będę szczęśliwy, skoro nie wiem, co mam robić? Cholera, co teraz? Błędne koło. Im głębiej się zastanawiasz, im mocniej się starasz być szczęśliwy, tym mniej taki jesteś. Im bardziej kombinujesz, co powinieneś zrobić w tej sytuacji, tym głębiej wpadasz w pułapkę tych myśli. Mają ci przynieść upragniony cel, ale tak się nie dzieje. Dopiero kiedy zrzucisz cały ciężar, wszystkie narzucone schematy, do których musisz się dopasować, możesz odnaleźć siebie. Głowa przestaje pracować – zaczynają pracować serce, przekonania i przeczucia. A to już wystarczy, żebyś wiedział, co masz robić. To działa też w drugą stronę – im mocniej starasz się zatrzymać trwające szczęście, tym bardziej je ograniczasz. Mówiąc „szczęście", nie mam na myśli wielkiego banana na ryju, podskoków radości i pękania ze śmiechu. Mam na myśli coś na kształt spokoju. Takiego spokoju, kiedy nic nie musisz, kiedy po prostu robisz swoje.

Pozbądź się słowa „musisz". Nie musisz być lubiany. Nie musisz biegać za smokami. Nie musisz się zakochać. Nie musisz starać się o zrozumienie. Ludzie wmówili ci, że musisz, bo tego od ciebie oczekują. Są jak dziecko, które biega za tobą i co chwilę o coś prosi. Nie czeka, aż coś zrobisz, tylko mówi wprost, czego oczekuje: „musisz zrobić dla mnie to czy tamto". Musisz, musisz, musisz. Od tego wiecznego przymusu może eksplodować głowa. A ty tak naprawdę nic nie musisz. Możesz, ale nie musisz. To zawsze druga osoba, która stara się coś od ciebie wyciągnąć, wtłacza ci do głowy, że coś musisz.

Są trzy magiczne słowa: proszę, dziękuję, przepraszam. Nie widzę tu słowa „muszę". Świat mógłby opierać się na tych trzech prostych słowach. Każda komunikacja między ludźmi mogłaby opierać się tylko na tych trzech prostych słowach – dlatego właśnie są magiczne.

Człowiek jest przebiegły i stworzył cały arsenał wymuszania na innych działania zgodnie ze swoimi potrzebami. Perswazja i manipulacja to już dziś niemal oddzielna gałąź nauki. Wszystko dla poczucia władzy i chęci rozwiązywania swoich problemów nie na własną rękę, ale z wykorzystaniem innych.

•

rozkazy

•

Czego dotyczy angielskie słowo „please"? Dzisiaj jest już tak wyświechtane, że nie przypisujemy mu praktycznie żadnego znaczenia. Dodajemy „please" tak jak przecinki i wulgaryzmy, zapominając tak naprawdę, jaki był jego pierwotny sens. Tymczasem jest ono skrótem dłuższej formuły: „if it pleases you to do this", czyli „jeśli sprawia ci to przyjemność". Przykładowe pytanie brzmiało kiedyś zatem „Pass me that bread, if it pleases you". Dzisiaj brzmi już „Pass me that bread, please".

Końcowe „please" traktuje się dziś tak, jakby nie istniało, jakby było tylko przyjemnym zakończeniem zdania. Nikt nie pamięta już o tym, że nie musi podawać chleba, jeśli nie sprawia mu to przyjemności. A nawet jak odmówi, to proszący znajdzie w swoim arsenale kolejne metody nacisku: „Jak to nie chcesz podać chleba? Nie tak cię wychowałem!". Wiecie, kogo się tak wychowywało? Niewolników! Dlaczego na zdanie „Nie mam ochoty podać tego chleba" nie można odpowiedzieć „Nie ma problemu. Wezmę go sam"? Ponieważ zanim poprosisz, już zakładasz, że twoja prośba zostanie spełniona. Twoja prośba przestała więc być prośbą, stała się zamaskowanym rozkazem. A co robi dowódca, kiedy dowiaduje się, że jego rozkaz nie został spełniony? Każdy wie. Kiedy prosimy o proste rzeczy, przez myśl nam już nawet nie przejdzie, żeby ktoś mógł tej prośby nie spełnić. Tylko dlatego, że zapomnieliśmy już, że my nie prosimy. Rozkazujemy.

Nauczyliśmy się sobie rozkazywać. Nie interesuje nas zdanie drugiej osoby. Znaleźliśmy sobie wyszukane sposoby na sprytne przemycanie naszych rozkazów. Czego uczą nas dzisiaj nauki społeczne i coaching? Manipulowania ludźmi. Uczą nas, jak budować pytania, żeby nie zostawić rozmówcy pola manewru. Uczą, jak budować atmosferę potrzebną do wywołania konkretnych emocji. Nie uczą rozmawiania ze sobą, lecz technik, dzięki którym możemy dostać to, czego potrzebujemy. Nie uczą nas kreować sytuacji *win-win*. Pokazują nam, jak najlepiej i najszybciej stworzyć sytuację *win-lose*. To chore! W tym systemie za każdym razem, żeby ktoś się wzbogacił, ktoś inny musi zbiednieć. Nie żyjemy w świecie, w którym możemy budować coś wspólnego – możemy tylko zabierać sobie nawzajem.

W biznesie zawsze chodzi o wytworzenie jak największej liczby sytuacji *win-win*, w których korzystają obie strony. Ale już same umowy często mówią co innego. Prawnik powie, że w umowie korzyść jednej strony oznacza stratę drugiej. Gdyby było inaczej, nie potrzebowalibyśmy umów. Gdybyśmy zawsze wiedzieli, że robimy wspólne interesy po to, żeby zyskać coś, czego nie moglibyśmy zyskać osobno, nikt nie bałby się bycia oszukanym. A przed tym chronią umowy. Im lepsza umowa, tym mniej możliwości oszustwa. Biznes jest i zawsze był relacją międzyludzką. Zawsze powinien działać na zasadzie synergii po to, żeby można było razem osiągnąć coś, czego nie można osiągnąć osobno. Ale nie zawsze tak jest.

W momencie kiedy trzeba zajrzeć do umowy, załamuje się relacja osobowa. Dla wielu ten moment jest sygnałem, że biznes nie idzie tak, jak powinien. Jeśli nie jesteście w stanie się dogadać sami i przesuwacie swoją relację z ludzkiej na nieludzką, przegraliście. Nie tworzycie już nic dobrego. Liczycie tylko straty i staracie się je minimalizować. Kiedy wspólne przedsięwzięcia dają radość, to nikomu nawet nie przyjdzie do głowy zaglądanie do umów. Dopiero kiedy pojawiają się wątpliwości, zaczyna się strach.

•

hierarchia

•

Kochamy rozkazywać. Każdy z nas jest zarówno dowódcą, jak i podwładnym. Nawet kiedy składasz elektronikę na taśmie produkcyjnej, jesteś takim samym dowódcą jak osoba, która każe ci to robić. Jesteście oczywiście na różnych szczeblach drabinki, ale macie takie same zdolności przywódcze – wykorzystujecie je po prostu na inny sposób. Jedyna różnica polega na tym, komu się rozkazuje. Ten wyżej postawiony wydaje polecenia innemu człowiekowi, a ten, który jest podporządkowany, rozkazuje swoim rękom, nogom i maszynom, które obsługuje. Schemat jest ten sam, tylko podmioty różne.

Co pomaga nam rządzić sobą nawzajem? Pieniądze. Pieniądze są najlepszym źródłem kontroli i rozkazu. Po co idziesz do pracy? Żeby oddać kontrolę nad swoim ciałem i umysłem komuś innemu. Od ósmej do szesnastej jesteś w rękach kogoś innego. Otrzymujesz oczywiście odrobinę autonomii potrzebną do pracy, ale w gruncie rzeczy jesteś na usługach swojego pana, tak jak kiedyś chłopi czy niewolnicy. Zawsze jedni mieli więcej, a inni mniej, ale tak naprawdę wszyscy pracujemy dla kogoś. Rezygnujemy ze swojej wolności w określonym czasie w ciągu dnia. Po co? Ano żeby zarobić. Żeby zdobyć dokładnie te same pieniądze, które pozwoliły najpierw zniewolić nas samych. Po co nam te pieniądze? Żebyśmy mogli sobie znowu zniewolić kogoś innego.

Dlaczego tak uważam? Zastanów się, co robisz z pieniędzmi, gdzie one wędrują i co tak naprawdę za nie kupujesz. Idziesz do sklepu po pomarańcze, ale to już etap końcowy – kupujesz znacznie więcej. Kupujesz ludzki czas, który ktoś poświęcił, żebyś ty nie musiał się męczyć i zbierać tych pomarańczy sam. Można by powiedzieć, że tymi pieniędzmi rozkazałeś komuś, aby pozbierał dla ciebie pomarańcze, które teraz ty, jako pan, będziesz jadł. Za pieniądze kupujemy możliwość rozkazywania drugiej osobie. Oddajemy się komuś, żeby jeszcze ktoś inny mógł się teraz oddać nam. Każdy z nas jest dowódcą.

Skoro każdy z nas jest dowódcą, to dlaczego każdy z nas może być też podwładnym? Bo każdy kogoś słucha – albo siebie, albo innych. Ci, którzy nie słyszą siebie, nie mają ze sobą kontaktu, muszą słuchać kogoś innego, muszą mieć coś do roboty, inaczej zanudzą się na śmierć. Kogo w takim razie słuchają ci, którzy nie potrafią słuchać innych? Słuchają samych siebie, wewnętrznego głosu, mówiącego im, co mają robić. Czy jesteś w stanie wytłumaczyć, skąd biorą się twoje chęci? Zastanów się nad tym. Dlaczego masz ochotę pływać, grać na gitarze, śpiewać, występować na scenie, pisać książki, zgłębiać fizykę kwantową? Czy ktokolwiek jest w stanie wytłumaczyć, skąd bierze się nasza ochota na cokolwiek?

Ci, którzy słyszą ten wewnętrzny głos, mają niezłą zagwozdkę. Mogą przecież pomyśleć, że są niby tacy wspaniali: nie słuchają nikogo, nie muszą przyjmować rozkazów od innych. Są panami własnego życia, prawda? Nie do końca. Wszyscy ci ludzie, których traktujemy jak bogów, od zawsze, podobnie jak wszyscy inni, wykonują rozkazy, na które tak naprawdę nie mają wpływu. Jeśli ktoś w głębi serca czuje, że chce malować obrazy, nie jest przecież za to odpowiedzialny: słucha tylko swojego serca. Jest szczęśliwy, kiedy to robi. Mówi, że się spełnia, że jego życie ma sens, że w końcu znalazł to, czego szukał. Co się stanie, kiedy przestanie się tym zajmować? Będzie nieszczęśliwy. Nie ma wyboru, nie może robić czegoś innego, ponieważ nic innego nie daje mu radości. Jeśli nie robi tego, do czego został stworzony, wpada w stan zawieszenia.

Czym w takim razie jest ten głos serca, który mówi nam, co mamy robić ze swoim życiem? Nie mam pojęcia. Nikt nie wie. Próbujemy to nazwać słowem „Bóg", ale zawsze nieudolnie. Ta rzecz po prostu mówi nam, co mamy robić. Czy mamy być księdzem, trenerem, a może małpką, która ma zabawiać ludzi. Czy mamy na to wpływ? Nie mamy żadnego. Wiemy tylko, że jeśli będziemy to robić, to będziemy szczęśliwi, a jeśli nie – nieszczęśliwi. Czy to wszystko nie prowadzi do wniosku, że nie tylko kochamy rozkazywać, lecz także to, że nam się rozkazuje?

•

kontakt

•

Ta książka nie jest dla wszystkich. Nie odkrywa też chyba niczego nowego. Jest jednak środkiem komunikacji. Ta książka lub jakakolwiek inna, czytana w samotności, z tym samym tłem muzycznym, które oddziaływało na emocje autora, może być ogniwem łączącym tworzącego i odbiorcę, spoiwem, którego tak bardzo nam wszystkim brakuje. Tak bardzo brakuje nam prawdziwego kontaktu. Chcemy poczuć normalny związek z kimś po drugiej stronie ciała. Nie mamy już siły patrzeć na siebie przez pryzmat naszych twarzy, ubrań, sztucznych słów i uśmiechów. Mamy już dość tych zakłamanych relacji, którymi sami się karmimy. Chcemy poczuć realny związek z drugą osobą.

Drogą do takiego związku jest wszystko, co pobudza i porusza duszę. Muzyka, film, książka, obraz, zdjęcie, a nawet szczerze wypowiadane słowa. Dlaczego nawet? Dlatego, że nie o same słowa chodzi. Słowa są efektem ubocznym. Chodzi o emocje wyrysowane w postawie, mowie ciała i tonie głosu. Potrafimy je odczytywać lepiej, niż sądzimy. Może nam się wydawać, że zwracamy uwagę na słowa. Nieprawda. Odbieramy przede wszystkim emocje, które odczuwa człowiek, wypowiadając słowa. Mogą być one ze sobą całkowicie sprzeczne. Możemy podświadomie wyczuwać złe intencje, kiedy ktoś mówi do nas „Lubię cię".

Nie zapamiętamy tego słownego przesłania, lecz nasze wrażenie złych intencji.

Kiedyś nie rozumiałem też, dlaczego ludzie piją. Piłem w życiu kilka razy prawie na umór i nie potrafiłem zrozumieć, co jest w tym takiego fajnego. Nie wiedziałem, że mam więcej wspólnego z ludźmi, którzy lubią pić, niż mi się pierwotnie wydawało. Wszystkim chodzi przecież o to samo – żeby się otworzyć i zbliżyć do siebie. Chcemy stać nago przed sobą i nie przejmować się tym, że wszyscy jesteśmy nadzy. Lgniemy do drugiego człowieka, ale boimy się przełamać barierę. Mylnie mówi się, że ludzie boją się ludzi. Ludzie nie boją się ludzi, ludzie boją się sztuczności, ciał, zachowań, konwenansów i stereotypów. Absolutnie nie boimy się siebie nawzajem. Chcemy mieć z innymi jak najwięcej kontaktu, ale nie potrafimy jeszcze zburzyć tych klatek, które sami dla siebie zbudowaliśmy.

Alkohol nie uwalnia duszy. Alkohol znieczula. Nic więcej. Nie wyciąga na wierzch tego, co niewidzialne, lecz niszczy to, co widzialne. Różnica między tym a oświeceniem jest ogromna. Dlatego, że zmierzając naturalnie w stronę prawdy, nie niszczysz świata materialnego, w którym przyszło ci żyć. Nie zostajesz tak naprawdę sam ze sobą. Masz lepszy kontakt z rzeczywistością niż kiedykolwiek wcześniej. Alkohol zabija rzeczywistość, której nie możesz znieść. Oświecenie uczy cię kontaktu z tą rzeczywistością, od której tak bardzo chciałeś kiedyś uciec. Nie możemy uciekać od świata, który jest jedynym łącznikiem między nami a innymi. Pijąc, zabijasz to połączenie.

Nie ma na świecie ludzi, którzy nie lubią ludzi. Może im się tak wydawać, ale nie ma w tym nawet ziarna prawdy.

Są tylko ci bardziej lub mniej przestraszeni. Jedyną przyczyną izolacji jest strach. W psychologii bardziej pasowałoby tu określenie lęku, ale w moim odczuciu strach ma większy ładunek emocjonalny, dlatego pozwolę sobie „mylnie" używać tego słowa.

•

szacunek

•

Gdybym powiedział, że tak naprawdę wszyscy kochają wszystkich, to wyszłoby na to, że zwariowałem. Na najgłębszym poziomie, do którego często nie mamy dostępu, jest tylko miłość. To jest całe spoiwo świata. I znowu brzmi to jak spirytystyczne dyrdymały. Ale kiedy człowiek dorasta, wyzbywa się złudzeń, w których wcześniej tkwił. Nawet kiedy spotyka kogoś, kto zrobi wszystko, żeby przywrócić te złudzenia, to już nie działa. Czy jesteś zły na małego pieska, który bez przerwy szczeka ze strachu? Nie, czujesz do niego sympatię. Podobnie kiedy zrozumiesz, że zachowanie jakiegoś człowieka wynika z lęku, możesz go tylko obdarzyć bezwarunkową miłością. Czy gdybym ci powiedział, że ludzie szczekają bez przerwy, bo się boją, uwierzyłbyś mi? Pewnie nie.

Ludzie szczekają, bo brakuje im miłości. Nie takiej miłości jak w *M jak miłość*. Miłości, która sięga tak głęboko, że wszystkie jej założenia przestają mieć znaczenie. Nie kochasz wtedy kogoś za to, że pięknie wygląda, że zrobił dla ciebie coś dobrego albo dlatego, że czujesz do niego popęd seksualny. Kochasz kogoś za to, że jest człowiekiem, tak samo jak ty. Czy zasłużył sobie na tę miłość? Nie ma to żadnego znaczenia. Gdyby miał sobie zasłużyć, to znaczy, że musiałby wcześniej zrobić coś dla ciebie lub dla innych, tak?

„Miłość” można łatwo i bez namysłu zastąpić słowem „szacunek”. Mam na myśli zrozumienie dla drugiego człowieka, traktowanie kogoś, kto ma zupełnie inne poglądy od twoich, tak samo, jak traktowałbyś kogoś o identycznych. Chodzi mi o taki szacunek, kiedy zacierasz w swojej głowie różnice i traktujesz ludzi równo. Jeśli wciąż wartościujesz ludzi na podstawie tego, jak wyglądają, w co wierzą, co robią i co w życiu osiągnęli, nie zrozumiesz tego, o czym mówię – wyda ci się to głupie i niedojrzałe. Polecisz opowiadać znajomym, że Włodek oszalał. Leć, napisz o tym artykuł. I zrób to dla siebie, nie dla mnie.

Chcielibyśmy szanować tylko tych, których lubimy. Reszty już nie musimy – niech sobie znajdą takich, którzy będą ich szanować, albo niech sobie na ten szacunek najpierw zasłużą. Nie mamy obowiązku nikogo z góry szanować. Niewiarygodne, że wierzymy w coś takiego, prawda? To właśnie uznajemy za podstawę naszego prawa do szacunku: nie mam obowiązku nikogo szanować. Sami sobie każemy znaleźć grupki, w których będziemy czuć się komfortowo. Wynika to wyłącznie z błędnego pojmowania szacunku.

•

rozmowa

•

Jak można się nauczyć szacunku? Słuchając – a może raczej słysząc. Nie słyszymy, ale udajemy, że słuchamy. Kiedy z kimś rozmawiamy, często nie zastanawiamy się nad tym, co mówi. Nie staramy się wsłuchać, nie filtrujemy tych słów przez nas samych i nie próbujemy postawić się na miejscu naszego rozmówcy. Wszystkie jego słowa albo traktujemy jako atak, albo po prostu nie zwracamy na nie uwagi. Czekamy tylko na takie, które będą w jakikolwiek sposób współgrać z naszymi przekonaniami. Możesz nie zapamiętać dziewięćdziesięciu procent rozmowy z drugą osobą, bo cały czas czekałeś tylko na to, żeby powiedziała coś, co i tak już wcześniej wiedziałeś. Na to, żebyś mógł powiedzieć: „Ooo tak, dokładnie tak mam". Nie chcesz się uczyć od drugiego człowieka. Chcesz, żeby cię utwierdził w twoich przekonaniach. I to jest właśnie wybiórcze słuchanie, które niczemu nie służy.

Często nawet masz kompletnie w dupie, co ktoś mówi. Czekasz tylko na moment, w którym się zamknie, żebyś mógł opowiedzieć coś o sobie. Dlaczego? Bo uwielbiasz być chwalony. Masz tak fantastyczną historię, którą mógłbyś opowiedzieć, że czekasz tylko, aby się z nią wstrzelić i zebrać oklaski. Jakie to głupie! Zrozumiałe, ale głupie. Wyobraź sobie czyjąś dłuższą wypowiedź. W połowie świta ci w głowie myśl, którą chciałbyś dorzucić. Od tego momentu nie słuchasz dalej, skupiasz się tylko na swoim pomyśle. Myśl zaczyna się rozwijać, dochodzisz do nowych wniosków, ale rozmówcy już tak naprawdę nie słuchasz. Czekasz, aż skończy, i odwołujesz się do tego, co powiedział w połowie, do tego momentu, w którym się zatrzymałeś. Jak to się ma zatem do tego, co mówił, kiedy przestałeś słuchać? Może dodał tam coś, co kompletnie zmieniłoby twoje zdanie?

Myślisz, że jesteś taki mądry, prawda? Jesteś najmądrzejszy na świecie i wiesz wszystko z dużym wyprzedzeniem. Zdarza ci się nawet przerwać komuś w połowie zdania, bo i tak wiesz, jaki będzie koniec. Tak? Nie masz ochoty pozwolić komuś na dokończenie myśli, bo jesteś wszechwiedzący, więc i tak wiesz, co ktoś chce powiedzieć, jeszcze zanim otworzy usta? Nie dość, że sam nie dajesz sobie szansy na zrozumienie w pełni drugiego człowieka, to jeszcze wywołujesz u niego frustrację, bo nie dajesz mu szansy powiedzieć tego, co myśli. Traktujesz go jak swojego niewolnika, któremu rozkazujesz, kiedy ma mówić, a kiedy siedzieć cicho. Czy naprawdę wiesz wszystko lepiej od niego?

przeznaczenie

Wierzę w przeznaczenie, choć dawniej nie wierzyłem. Co sprawiło, że zmieniłem zdanie? Obserwacje i doświadczenia. Jeśli wszyscy rodzimy się z konkretnym zestawem cech i upodobań, jak w grach RPG, to możemy z tego skorzystać. W jaki sposób, to już zależy od naszej wolnej woli. Masz predyspozycje do szybkiego biegania? Super. Możesz zatem biegać w maratonach i startować w olimpiadach. Czy myślenie sprawia ci przyjemność? Nie? Więc nie staraj się zostać filozofem, tak jak ja nie staram się zostać sprinterem. Wierzę, że każdy z nas ma coś unikalnego, niezależnie od tego, jak banalne i powtarzalne może to być. Nie staraj się być wiewiórką, jeśli jesteś orłem. Czy układanie harmonogramów sprawia ci przyjemność? Czy czujesz się spełniony, kiedy przez cały dzień układasz i segregujesz papierki? Jeśli tak, to fantastycznie. Idź i to rób. Jedyny powód, dla którego miałbyś tego nie robić, to twoje wewnętrzne obawy, że nie jest to tak prestiżowy zawód, jakbyś chciał.

Przykład Hitlera najlepiej pokazuje, jak szkodliwe może być selektywne i fragmentaryczne pojmowanie rzeczywistości. Uznał on, że skoro są ludzie, którzy słuchają tylko samych siebie, a inni słuchają ich, to można wprowadzić kategorie nadludzi i podludzi. Wierzył, że zadaniem jego i podobnych do niego „szefów" jest zapanowanie nad tymi, którzy nie potrafią panować nad sobą. To była zła interpretacja. Zapomniał o tym, że wszyscy ludzie są tak naprawdę tacy sami i zmagają się z tymi samymi problemami. Jeżeli nawet możemy nad kimś „panować", to tylko z szacunkiem i uznaniem.

Mówiłem już o tym, że dobry król to taki, którego nie widać. Król nie pracuje dla siebie, pracuje dla ludzi. Jest to zawód odpowiedzialności społecznej. W zawodzie króla nie ma miejsca na ego. Powinno być rozmyte i nieistniejące. Liczy się tylko naród, któremu należy służyć jak najlepiej. A mówiąc „naród", nie mam na myśli jednego narodu. Mam na myśli całą ludzkość. To był kolejny błąd Hitlera. Wyszedł z założenia, że jeden naród jest lepszy od drugiego. Nie mam pojęcia, czy to słowa Nietzschego są tak trudne w odbiorze, czy po prostu Hitler był taki głupi.

Nietzsche chciał tylko przedstawić pewną zależność, o której też teraz mówię: mamy rządzących i podwładnych. Terminy te potrafią być bardzo nieuchwytne, mogą się zmieniać bardzo szybko, o czym już nieraz wspominałem. Chodzi tak naprawdę o to, kogo się słucha – siebie czy innych. Tylko tyle. Jedynym celem tej książki jest sprawienie, by jak najwięcej ludzi zaczęło słuchać siebie. Tylko tyle i aż tyle.

Gdzie w takim razie jest wolna wola? Skoro wszystko może być ustalone z góry, to gdzie w tym wszystkim jest mój wybór? Jak mogę cokolwiek wybrać, skoro czuję, że chcę przykładowo przez całe życie śpiewać? Możesz oczywiście nie śpiewać i być nieszczęśliwy. Jeśli wybierzesz taką drogę, nie pójdziesz ścieżką wyznaczoną dla ciebie, zmarnujesz talent, a więc z religijnego punktu widzenia – podążasz prosto do piekła. Kiedy wybierzesz to, co jest twoim powołaniem, idziesz w stronę Boga, nieba i tak dalej, bla bla bla. No i gdzie ten wybór?

Prawdziwy wybór jest czysto formalny. Możesz zdecydować, o czym chcesz śpiewać, jak, z kim, albo na jakich instrumentach chcesz grać. Wybór wciąż pozostaje dosyć spory. Choć ścieżka może się wydawać ograniczona, mamy cały czas bardzo dużo do powiedzenia.

Wierzę, że każda rzecz na tym świecie pracuje dla innych rzeczy. Woda nas nawadnia i gwarantuje nam przetrwanie. Rośliny i oceany dają nam tlen. Słońce świeci, żebyśmy mogli się opalać. Tak samo czuję, że każdy z nas ma w życiu jakieś zadanie do wypełnienia. Każde życie jest wartościowe.

•

samokontrola

•

Czym jest wolność? Wolność jest możliwością rządzenia: nikt mi nie będzie mówił, co mam robić, sam będę o tym decydował. Zastanawiające, prawda? Wolność i rządzenie to przecież dwa przeciwstawne słowa. Jest to całkiem dobry przykład na ukazanie dualizmu świata. Nic nie jest dobre ani złe – to tylko twoje postrzeganie czyni to takim. Po co ludziom, którzy chcą być wolni, ta możliwość rządzenia? Bo boją się życia. Boją się przyszłości. Co robią w takiej sytuacji? Starają się zebrać jak najwięcej ludzi. Dla poczucia bezpieczeństwa. W obawie przed życiem zbijamy się w grupki, tak żeby razem stawić czoło wyzwaniom. Im mocniejsza grupka, tym mocniejsze państwo. Im inteligentniejsza grupka, tym inteligentniejsze państwo. Im bardziej przedsiębiorcza ta grupka, tym lepsza gospodarka.

Państwa powstały z obawy i strachu przed światem. Czy można by zatem stwierdzić, że im większe i silniejsze państwo, tym bezpieczniej czują się jego mieszkańcy? Niestety nie. Strach jest jak chciwość. Jest nienasycony. Nie może się nasycić, może tylko zniknąć i wyparować. Jakim cudem uchowała się w Europie Szwajcaria? Nie angażuje się w konflikty. Pozostała neutralna. Uznała, że jeśli ktoś ma ochotę walczyć, to świetnie. Jego prawo. Zarówno podczas pierwszej, jak i drugiej wojny światowej Szwajcaria zachowała neutralność. Jest zatem możliwe odmówienie przyjęcia nienawiści. Nawet kiedy się sąsiadowało z hitlerowskimi Niemcami.

Kim są aktorzy w filmach? Czy powiedziałbyś, że są marionetkami w rękach reżysera, scenarzysty i producenta? Być może tak. Czy aktor, który zaczyna karierę, ma prawo się tak poczuć? Ma. Ale ma też prawo dać z siebie wszystko. Ma prawo być najlepszym aktorem na świecie. Ma prawo wspiąć się na samą górę i po kilku latach zostać takim samym reżyserem czy producentem, który będzie rozkazywał innym. Świat nie jest ani dobry, ani zły. Liczą się tylko intencje. Liczy się to, jak będziesz traktował innych, kiedy będziesz im rozkazywał. Liczy się twoje nastawienie, kiedy ktoś inny będzie ci rozkazywał. Nie ma nic złego w przyjmowaniu i wykonywaniu rozkazów. Złe mogą być tylko intencje, które za tym stoją. Złe może być traktowanie innych ludzi. Z wyższością albo poczuciem braków. Rozkazujmy sobie. Bądźmy podwładnymi. Róbmy to z szacunkiem i za obopólną zgodą.

Kontrolują cię nie tylko ludzie – to, co stworzysz, też zacznie cię kontrolować. To, z czym wejdziesz w relacje, również zacznie cię kontrolować. Każdy nowy wynalazek może się okazać źródłem twojego wielkiego cierpienia. Czy potrafisz sobie dzisiaj wyobrazić życie bez prądu? Oczywiście, że potrafisz. Ale czy chcesz tego? Oczywiście, że nie. Pieniądz miał nam pomóc. Dzisiaj możemy powiedzieć, że nas zniewala. Państwa miały pomóc nam przetrwać, a możemy przyznać, że zniewalają nas tak samo jak pieniądz. Za każdym razem, kiedy powołujemy coś na ten świat, zniewalamy sami siebie, i to na własne życzenie. Dlaczego tak się dzieje?

Bo zawsze oczekujemy czegoś w zamian. Wymyślamy coś, bo chcemy zwrotu z naszej inwestycji, chcemy rozwiązać jakiś problem. Wynaleźliśmy prąd, bo chcieliśmy być aktywni w nocy. Dzisiaj zasilamy nim naszą elektronikę. Wymyśliliśmy system ogrzewania, żeby było nam ciepło w zimie. Skonstruowaliśmy klimatyzatory, żeby było nam zimniej w lecie. Czy potrafiłbyś być tak samo szczęśliwy, gdybym zabrał wszystkie twoje zabawki?

•

zrozumienie

•

Świat w głębi swej natury jest dualny. Każde zjawisko, każda rzecz mają swój początek i koniec. Nic nie jest ani dobre, ani złe. Nie mogę mówić o szczęściu, nie wspominając o nieszczęściu i cierpieniu. Nie może być światła bez ciemności. Nie ma bogactwa bez biedy. Nie ma życia bez śmierci. Materia i antymateria. Egoizm i altruizm. Wszystko ma dwa końce, musi sobie zaprzeczać i się wzajemnie wykluczać. To wydaje się oczywiste, każdy o tym wie – ale nie każdy o tym pamięta. Żeby cokolwiek w życiu poznać, trzeba najpierw zbadać dwa przejawy tej samej rzeczy.

Chrześcijaństwo musi mieć swój satanizm. Jedno jest odbiciem drugiego, jedno zaprzecza drugiemu. Chrześcijanie mają swój krzyż, sataniści go odwracają. Odwracają dokładnie taki sam krzyż, który sam w sobie nie stanowi źródła całego poznania. Nie zrozumiesz nigdy, co znaczy zimno, jeśli zawsze było ci ciepło. Człowiek dzięki swoim możliwościom poznawczym jest w stanie doświadczać tak naprawdę samych skrajności. Może bujać się z jednej strony w drugą i im bardziej się rozbuja, tym głębiej pozna to, co chce poznać. Nie dowiesz się, czym jest bogactwo, jeśli nigdy nie byłeś biedny. Owszem, możesz widzieć biedę, możesz o niej czytać, ale dopóki jej nie zasmakujesz i nie przeżyjesz, nie będziesz w stanie wyciągnąć z niej wniosków i nie będziesz mógł zrozumieć swojego bogactwa.

Dochodzę już powoli do wniosku, że jakakolwiek walka nie ma sensu. Z czymkolwiek. Ze światem jest wszystko w porządku. Jedyne, co możemy sobie dać, to spokój. Z czego wyrosły wojny? Ze spokoju. Walcząc o dobro, zasilamy jednocześnie zło. Nadajemy mu sens. Dlaczego tak? Bo tak. Po prostu tak działa świat. Dla każdej akcji musi się znaleźć reakcja. Dla każdego tworu musi znaleźć się jakiś antytwór. Jego przeciwieństwo.

Sprawdzajcie oba końce każdego kija na własnej skórze. Wiedza jest tylko kierunkowskazem. Końcem drogi jest zrozumienie.

Pamiętacie, kiedy pytaliście wszystkich, czym jest miłość? Kiedy będziecie widzieć, że się w kimś zakochaliście? Jakie to uczucie? Czy można się jakoś na nie przygotować? Nie można. Można je tylko przeżyć i zrozumieć. Gdy już to przeżyjesz i będziesz chciał to komuś przekazać, jak to zrobisz? Powiesz, że to motylki w brzuchu? Powiesz, że to takie uczucie, jakiego nie zaznałeś nigdy wcześniej? Dobrze wiesz, że tak naprawdę starasz się opisać coś, co będzie tylko namiastką zrozumienia. Słowa są ułomne.

To właśnie chciałem przekazać w *Kropkach*. Gdyby ktoś się zastanawiał, o czym tak w ogóle jest ten krótki film, odpowiem – o różnicy między wiedzą a doświadczeniem. Muszę jednocześnie przyznać, że wyjaśniając go, robię mu (i oglądającym) krzywdę, bo tylko pozbawiam możliwości dowolnej interpretacji każdego, kto ma na to ochotę. Najgorsze, co można zrobić sztuce, to ją wyjaśniać. Ble. Każdy rozumie tyle, na ile go stać. Do książki, która ma w sobie głębię, możemy zaglądać co roku i za każdym razem odkrywać w niej coś nowego. Dlaczego tak się dzieje? Dlatego, że widzisz zawsze tylko tyle, ile jesteś w stanie zrozumieć w danym momencie życia. Całą resztę pomijasz. Wsłuchujesz się w dialog w filmie. Myślisz, że go zrozumiałeś, ale możesz nie mieć o nim bladego pojęcia. Możesz go powtórzyć słowo w słowo, nie rozumiejąc ani jednego zdania. Tym się różni wiedza od zrozumienia. Nad rozumieniem trzeba pracować. Trzeba je rozwijać. Trzeba je pobudzać. Wiedzę można po prostu łyknąć i o niej zapomnieć.

Przeraziłem się lekko, kiedy zobaczyłem, że ludzie tylko łykają. W pogoni za nowymi zdobyczami starają się napchać swoje mordki i rozepchać je do granic możliwości. Jak chomiki, tak na zapas, żeby na zimę też było. Mało kto analizuje to, co wsadził do tej mordki. Mało kto zastanawia się, jaka jest druga strona medalu. Mało kto wie, że prawda zawsze leży pośrodku. Yin i yang. Nigdy samo yin. Nigdy samo yang. Ludzie natomiast zbyt często chwytają za jeden koniec nowo poznanej rzeczy i biegają po świecie, opowiadając wszystkim, jacy to są mądrzy. Wydaje ci się, że coś w życiu zrozumiałeś, bo ogarnąłeś jedną supertajną informację? Och, zawsze kiedy zrozumiesz jedną rzecz, musisz zrozumieć też drugą, jej przeciwną. Nawet miłości nie zrozumiesz bez nienawiści.

„Kto to zrozumie?" – zadaję sobie pytanie. Niepotrzebnie tyle mówię. Lepiej zadawać pytania. Proszę bardzo. Słowo „dlaczego" jest najlepszym słowem do tworzenia pytań. Można dzięki niemu wchodzić tak głęboko w zrozumienie, jak tylko jest to potrzebne. Na przykład: „Dlaczego chcę iść na wojnę? – Bo chcę walczyć. Dlaczego chcę walczyć? – Bo chcę bronić swojego kraju i swojej rodziny. Dlaczego chcę bronić swojego kraju? Czy coś się dzieje, czy ktoś go atakuje? – Na razie nie, ale może się coś stać. Dlaczego tak sądzę? – Bo inni tak mówią. Dlaczego tak mówią? – Bo się boją".

•

mechanizm obronny

•

Czasem lęk społeczny jest tak duży, że ludzie nie potrafią ze sobą rozmawiać, a załatwienie czegokolwiek albo wykonanie jednego prostego telefonu staje się dla nich ogromnym problemem.

Zamówiłem kiedyś kawę przy barze w jednej z krakowskich kawiarni i usiadłem przy stoliku. Kiedy już moja filiżanka była pusta, podszedł kelner i zapytał:

– Można już zabrać?
– Tak, dziękuję bardzo.
– Dziękuję. Przepraszam.
– Za co?
– Hmm?
– Za co mnie pan przeprasza?
– A nie wiem, tak po prostu.

W takim społeczeństwie żyjemy. W społeczeństwie pod tytułem „Przepraszam, że żyję. Nie bij". Oczy w dół, głowa pochylona, trzęsące się ręce i tylko jedno słowo – przepraszam. Ilu ludziom patrzysz tak naprawdę w oczy? Czy w ogóle potrafisz ludziom patrzeć w oczy? Czy stojąc na stacji benzynowej w oczekiwaniu na paragon, patrzysz na panią kasjerkę czy gdzieś w bok? Czy ona cię w ogóle interesuje, czy jednak chciałbyś jak najszybciej stamtąd uciec i wrócić do domu? Polecam wam serdecznie zwykłą obserwację innych. Sprawdźcie, jak bardzo nie mamy ochoty przebywać koło siebie, w szczególności przy kasie. Jesteśmy oddaleni o kilkadziesiąt centymetrów od drugiej osoby, a jednak błądzimy wzrokiem, byleby nie spotkać się spojrzeniami.

To jest realny problem w Polsce: nie potrafimy ze sobą rozmawiać ani nawet na siebie spojrzeć. Czego się tak boimy? Że nas okradnie, pobije i wrzuci do bagażnika? Że nas osądzi? Że nie spodoba mu się sposób, w jaki się wysławiamy? Że nas nie doceni? Powie nam, że jesteśmy bezwartościowi? Z takim nastawieniem nie zajedziemy daleko. Z takim podejściem każda próba kontaktu może być odebrana tylko jako atak.

Kiedyś bardzo się bałem każdego telefonu. Bałem się odebrać, bałem się zadzwonić. Właściwie to wolałem, żeby nikt do mnie nie dzwonił i zawsze wolałem do kogoś napisać, zamiast do niego dzwonić. Pisząc z kimś, miałem większą kontrolę nad tym, co się dzieje. Czułem się pewniej. Miałem też więcej czasu, żeby się zastanowić nad tym, co chcę odpisać. Cały proces się przez to wydłużał, ale dzięki temu zyskiwałem to, czego tak bardzo mi brakowało – możliwość przeanalizowania wszystkiego. Człowiek żyjący w strachu musi przebadać wszystko, aby w pełni zrozumieć intencje i zamiary swojego partnera. W każdej wiadomości musiałem doszukać się ukrytych znaczeń, nawet tych nieistniejących. Co znaczy to? Co znaczy tamto? Co tak naprawdę miał na myśli? Czy chce dla mnie dobrze? Czy może źle? Ale zaraz, zaraz, kiedyś mówił co innego. Hola, hola. Stop. Nie. Tak. Nie. Tak. Zrobię. Nie zrobię. I tak w kółko.

Ten problem dosyć często pojawia się w artykułach i określany jest jako *overthinking*, czyli przymus nadmiernego myślenia. Patrząc wstecz na samego siebie, stwierdzam, że przymus ten bierze się z bolesnych przeżyć z przeszłości i jest zwykłym mechanizmem obronnym mózgu. Skoro dopuściłem do siebie kiedyś krzywdę z powodu jakiejś sytuacji, to znaczy, że nie przemyślałem jej właściwie. Popełniłem błąd. Nie sprawdziłem wszystkiego dokładnie. Sparzyłem się. W takim razie, aby uchronić się przed tym na przyszłość, najpierw dokładnie wszystko przeanalizuję. Nie zaangażuję się w nic, dopóki nie będę stuprocentowo pewny.

Overthinking jest tak naprawdę chowaniem się przed życiem. Chowaniem się do środka, w samego siebie. Tak jak kiedyś potrafiłeś dotykać rzeczy, brać je do rąk, obracać nimi, bawić się i je podrzucać, tak teraz wystawiasz malutki paluszek i posuwasz go powolutku do przodu w obawie przed oparzeniem. Masz wrażenie, że wszystko zbudowane jest z ognia. Podchodzisz po raz kolejny do rzeczy, która wcześniej zostawiła na twojej ręce ogromną ranę. Lepiej, jeśli będziesz ostrożny przy następnym kontakcie.

Można w takim razie stwierdzić, że wszystko zależy od podatności jednostki na zranienie. Cała reszta jest tylko mechanizmem obronnym. Czy warto w takim razie traktować wrażliwych ludzi ze szczególną ostrożnością? Byleby ich nie zranić? Nie warto. Tak samo jak inwalidzi nie lubią być traktowani jak inwalidzi, tak wrażliwi nie powinni być traktowani inaczej niż reszta. Wszystkim nam przyszło żyć na tym samym świecie, wszyscy mamy swoje problemy, ale wszyscy musimy nauczyć się żyć razem. Jeśli sam określasz siebie jako osobę wrażliwą, to nie myśl sobie, że tylko z tego tytułu zasługujesz na coś lepszego. Masz sporo do przepracowania. Być może więcej niż inni. Ale nie myśl sobie, że świat jest zły. Niestety, to ty jesteś słaby, zraniony. Teraz możesz albo wylizać rany jak pies, albo leżeć i wyć.

•

pewność

•

Nigdy nie będziesz niczego w stu procentach pewny. Nigdy. Absolutnie nigdy, przenigdy w swoim życiu nie będziesz niczego stuprocentowo pewny. W pełni logicznie i pragmatycznie nie będziesz w stanie stwierdzić nic. Masz do wyboru – albo coś czuć, albo po prostu nie myśleć. Czasami musisz zwyczajnie czemuś zaufać: że będzie dobrze, że ludzie nie są tacy najgorsi. Zranisz się po raz kolejny? Trudno. Wstaniesz i spróbujesz znowu. Nie uda się po raz kolejny? Trudno. Wyciągniesz wnioski i znowu pójdziesz dalej. To jest zarówno tak proste, jak i tak trudne. W gruncie rzeczy jest to fundament wykładów motywacyjnych – żeby zmusić tych, którzy już nie mają siły, do kolejnej próby, do kolejnego wysiłku. Może tym razem się uda, może się nie uda. Kto wie.

Byłbym strasznie słabym mówcą motywacyjnym. Nie spodziewam się, że ktoś, kto tego nigdy nie przeżył, zrozumie, o czym mówię. Nie da się tego wyjaśnić, bo to po prostu nie jest logiczne. Strachu nie można wytłumaczyć logiką. Zaprzecza zdrowemu rozsądkowi, tak jak depresja. A jednak się bałem. Bałem się do tego stopnia, że musiałem sobie wszystko najpierw ułożyć w głowie. Przed każdą rozmową budowałem zdania, od których mógłbym rozpocząć, i to w kilku wersjach. Później zastanawiałem się, jakie mogą paść odpowiedzi, też w kilku wersjach. Do tych odpowiedzi starałem się przyporządkować różne możliwości, wszystkie w kilku wersjach. Kończyło się na tym, że jeszcze zanim powiedziałem „Cześć!", miałem już w głowie całą rozmowę rozłożoną w postaci algorytmicznego drzewka. I teraz... co się dzieje, kiedy drzewko zaczyna się rozłazić, kiedy pada pytanie, na które nie jestem przygotowany? O cholera! Jasny gwint, co teraz? Zaczynają się jąkanie, nowa porcja strachu, nowe dylematy. Mam tylko kilka sekund, żeby udzielić innej odpowiedzi. Kurde, za mało. Potrzebuję trochę więcej czasu. Stop! Jakieś koło ratunkowe? Może telefon do przyjaciela? Nie ma nic? Mówię coś nieprzemyślanego. Argh. To nie tak. Mogłem powiedzieć coś innego. Co sobie teraz o mnie pomyśli? Zawaliłem. Wróć. Mogę wrócić? Szlag. Dlaczego nie mogę wrócić? Dlaczego czas nie działa wstecz? Co teraz? Jedziemy dalej. Co? Możesz powtórzyć? Nie słuchałem. Byłem tak zajęty błądzeniem we własnych myślach.

Kiedy gadasz, nie słuchasz. Możesz się czegoś nauczyć tylko przez milczenie. Jest naukowo udowodnione, że człowiek, który gada, nie słucha. Niesamowicie trudno jest słuchać w tym samym czasie kogoś innego i własnych myśli. Chyba że ktoś ma podzielną uwagę, ale ja nie mam. Nie potrafię skupić się na dwóch rzeczach jednocześnie. To domena facetów, chociaż kobiety też tak mają, tylko nigdy się nie przyznają. W każdym razie zawsze masz do wyboru: słuchać świata albo swoich myśli. Słuchać drugiego człowieka albo swoich myśli. Polecam słuchanie świata i ludzi.

Co mi pomogło? Przerzucenie momentu, w którym podejmuję decyzję. Dzisiaj najczęściej żyjemy tak:

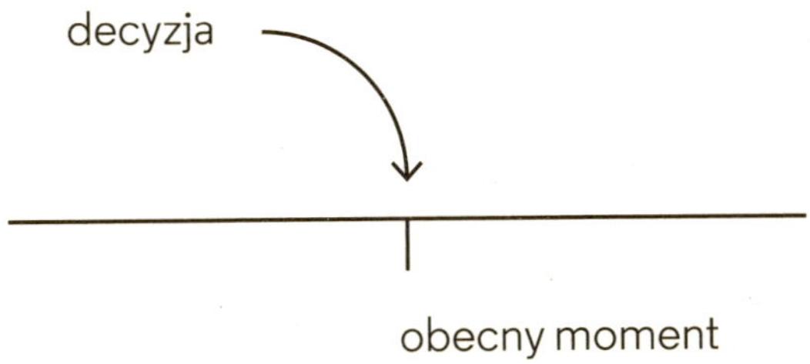

W takim wariancie masz wrażenie, że wszystko dopiero przed tobą. To, co masz przed oczami, nie wystarcza, rzeczywistość jest dla ciebie zawsze niedokonana, niepewna. Nie wiesz, co się wydarzy. Szczęście, którego szukasz, jest kwestią decyzji. Należy do przyszłości. Jeszcze go nie osiągnąłeś. Musisz wyznaczyć cel i za nim gonić. W tym układzie zawsze jesteś w tyle, cały czas musisz do czegoś dążyć, masz puste ręce. Wierzysz, że to „coś" musisz dopiero zdobyć. Podobne złudzenie ma osiołek z marchewką zawieszoną przed nosem. Idzie, idzie, a marchewka jak wisiała, tak dalej wisi w takiej samej odległości.

A co się stanie, gdy obrócimy ten schemat o sto osiemdziesiąt stopni?

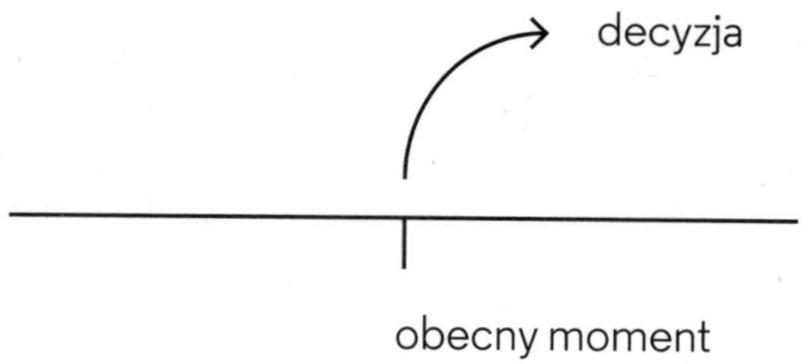

O tak, teraz wygląda to zupełnie inaczej. Decyzja nie wpływa już na obecny moment. Jest tylko jego następstwem. Stajesz zawsze przed faktem dokonanym. Rzeczywistość już się „wydarzyła", teraz możesz ją tylko zrozumieć. To, co widzisz, jest zapisem przeszłości. Pomyśl, że twoja decyzja została już podjęta, bo nawet zawahanie jest decyzją. Niepodjęcie decyzji też jest decyzją. Co się stało, już się nie odstanie. To życie doprowadziło cię do miejsca, w którym się znalazłeś. Kiedy popatrzyłem na siebie przez pryzmat tej myśli, wszystko stało się łatwiejsze. Zostałem zwykłym obserwatorem rzeczywistości. To, co się stało, już się nie odstanie, nie ma sensu niczego naprawiać, naprostowywać, nad niczym dywagować. Życie zmienia się na naszych oczach i będzie to robić zawsze, nawet bez naszej ingerencji. Jeśli zechcemy w nie ingerować, możemy to zrobić. Możemy, ale nie musimy. Warto po prostu się czasem zatrzymać i popatrzeć. Niczego nie zmieniać, niczego nie przestawiać. Po prostu obserwować. Obserwować z poczuciem, jak wiele się już dokonało.

To był chyba ostatni element mojej układanki. Zrozumienie, że nie jestem „przed", a zawsze „po". Mam tylko zrozumieć, co się właśnie wydarzyło. W końcu zniknęły strachy, obowiązki, niespełnione potrzeby, rany, poczucia niesprawiedliwości, rozterki, zmartwienia i cała reszta. Zostaje tylko to, co chcesz, czyli robienie tego, co sprawia ci przyjemność.

Teraz, kiedy o tym piszę, wydaje się to takie proste.

•

narzekanie

•

Dlaczego ludzie narzekają? Bo nie dostają tego, czego chcieli. Są małymi, rozwydrzonymi dziećmi, którym rodzice ugotowali flaczki, podczas gdy one wolałyby zjeść snickersa. Narzekanie, marudzenie, niekonstruktywne ocenianie, biadolenie, jęczenie, jojczenie, a nawet hejtowanie są przejawami bezradności. Zazwyczaj mówią one więcej o osobie narzekającej niż o podmiocie, na który się narzeka. A ty sądzisz, że jest odwrotnie.

Myślisz, że jesteś taki fajny, bo publicznie piszesz, jakiego to „raka" dostałeś, oglądając filmik na YouTubie? Wyrażasz tylko swoje niezrozumienie. Niezrozumienie ma to do siebie, że zostawia w tobie pustkę, lukę do wypełnienia. Masz nadzieję, że coś robisz, a rozdrapujesz tylko ranę. Będzie cię to męczyć, dopóki nie zrozumiesz, co cię dręczy. Dlatego hejtujesz w kółko to samo. Nie możesz przestać. Jesteś uzależniony od rzeczy, na które narzekasz. Skoro tak bardzo cię to nie obchodzi i nie możesz tego znieść, dlaczego tak mocno się na tym skupiasz? Mówisz, że możesz przestać? Nie możesz. Przyjrzyj się temu. Jesteś narkomanem, a twoim narkotykiem jest nienawiść. Być może odpowiesz mi, że wyrażasz swoją złość na jakieś zjawisko, bo sklasyfikowałeś je jako pewne uniwersalne zło, przed którym chcesz ostrzec innych. Jesteś bohaterem! Pokazujesz ludziom coś, czego oni nie rozumieją, tak? Jeśli rzeczywiście tak jest, wyraź to. Napisz, dlaczego tak uważasz. Wyraź swoje zdanie. Zastanów się, co tak naprawdę ci przeszkadza w tym, co widzisz, i opisz to. Pozwól innym wyciągnąć jakieś wnioski z tego, co cię boli. Czy nie jest to lepsze niż pisanie za każdym razem tego samego? „Rak instant". „Skisłem". „Trafiłem na onkologię". „Takiego raka nie dostałem od dawna". Czemu to służy? Tylko jednemu: wyrażeniu twojego bólu i niezrozumienia.

Życie będzie ci bez przerwy pokazywać rzeczy, od których tak bardzo chcesz uciec, których tak bardzo się boisz i których nie rozumiesz. Wyrażając publicznie swoje niezadowolenie, tworzysz podziały. Dzielisz ludzi. Nie wnosisz nic do dyskusji. Siejesz nienawiść. To skutek twojej ignorancji lub głupoty. Nie masz ochoty zgłębiać tematu. Chcesz tylko siedzieć i nienawidzić. Im bardziej czegoś nie rozumiesz, tym mocniej będzie cię to irytować. Im więcej zrozumiesz, tym mniej złości będziesz odczuwał. Zastanów się, co mówi o tobie ten gniew, który zrodził się tylko dlatego, że coś przeczytałeś albo obejrzałeś.

•

ignorancja

•

Wydaje ci się zapewne, że mogę mówić o tobie. Nic bardziej mylnego. Mówię o sobie, z autopsji. Zawsze miałem dobre serce, ale dobre serce to nie wszystko. Ignorancja jest dużo potężniejsza od dobrego serca. Większość rzeczy, które robiłem w życiu, miała charakter publiczny, więc cały zapis mojej działalności jest do odnalezienia w Internecie. Zachęcam do zapoznania się z materiałem dowodowym. Rzućcie okiem na „Lekko Stronniczego". Ile bywa tam pasywno-agresywnej, niewinnej ignorancji, niewynikającej ze złych intencji. Po prostu z nieświadomości. Jest też oczywiście sporo szczerych i pozytywnych emocji, ale na tym nie będziemy się skupiać.

Jak wyglądał proces produkcyjny jednego odcinka „Lekko Stronniczych" w moim wykonaniu? Znajduję artykuł w Internecie, przeglądam go. Nie czytam wnikliwie, tylko pobieżnie skanuję. Czasami zwracam uwagę tylko na tytuł, nie zgłębiam tematu. Nie interesuje mnie, o czym w istocie jest to, co mam zamiar przedstawić widzom. Ma być śmiesznie, ma być rozrywkowo, ma być ironicznie, ma być z dystansem. Skoro nie jest to na serio, to w czym problem, prawda? Wyrażam tylko swoje zdanie. No właśnie. To może być bardzo niebezpieczne.

Mówiłem już, ile jest prawdy w jednym artykule. Ile jest prawdy w ludzkiej opinii. Jakim wycinkiem rzeczywistości możemy się często posługiwać, aby wyrobić sobie swoje spojrzenie na świat. Nie dość, że robiłem to sam dla siebie. Serwowałem to setkom tysięcy ludzi. Rozrywka w najczystszej postaci. Owszem, można powiedzieć, że każdy ma prawo publikować w Internecie, co tylko mu się podoba. Jasne. Tak właśnie jest. Można też powiedzieć, że do spełnienia tego, o czym mówię, jest jeszcze potrzebny nieświadomy odbiorca. Odbiorca, który nie potrafi przefiltrować informacji, które otrzymuje. Informacji, które tak naprawdę są tylko moją opinią. Oczywiście. Tyle że wiem już dzisiaj, jak rzadka jest to umiejętność, i że lepiej od nikogo jej nie wymagać. Nie potrafimy nawet odróżnić felietonu od wpisu na Wikipedii. Dla nas to jedno i to samo. Wystarczy jeden post na jakimkolwiek blogu, żebyśmy mogli chodzić i powtarzać wszystkim: „Czytałem gdzieś ostatnio, że Polska jest na samym końcu listy krajów, w których mieszkańcy są zadowoleni z życia". Ten jeden tytuł może być dla wielu dostatecznym powodem, żeby w tę informację uwierzyć. Kropka.

Czy poniżam teraz sam siebie? Absolutnie nie. Nie mam natomiast problemu z przyznaniem się do błędu. W szczególności jeśli wnioski z tego doświadczenia mogą posłużyć nie tylko mnie, lecz także innym. Dzisiaj zawsze będę mądrzejszy, niż byłem wczoraj. To normalne zjawisko. Dopiero kiedy zrozumiesz, że mogłeś być kiedyś głupi, dotrze do ciebie, że nie musisz się niczego wypierać, wstydzić i niczego chować. Możesz wyciągnąć z tego nowe wnioski i pójść dalej.

•

oskarżenia

•

Jeden mechanizm medialny zwraca moją uwagę bardziej niż inne – jak łatwo można komuś zniszczyć życie. Nie ma nic prostszego niż napisanie, że „ktoś jest podejrzany". Tyle, nic więcej nie trzeba. Pokażmy ludowi, że ktoś jest podejrzany o popełnienie przestępstwa. Nie zdążymy mrugnąć, zanim słowo „podejrzany" zniknie w odmętach. Zostanie samo „popełnił przestępstwo".

– Słyszałaś o tym nowym aktorze? Tym, co gra w *M jak miłość*?
– No.
– Mówią, że pobił żonę i wciągał narkotyki nosem. Nosem! Uwierzysz?
– Tego nie słyszałam. Ale widziałam tego drugiego pod klubem nocnym. Pisali, że się stacza.

Nikogo nie interesuje zasada domniemania niewinności. Społeczeństwo nie szuka faktów, za to chętnie podąża za domysłami i oskarżeniami. Jest bandą rozwścieczonych dzików, która potrzebuje kogoś na pożarcie. Nie różnimy się tak bardzo od średniowiecznej gawiedzi, która wiecznie błądziła w poszukiwaniu kozła ofiarnego.

Pudelek i inne brukowce perfidnie wykorzystują tę ludzką nieświadomość. Nie wierzę, że robią to nieświadomie.

Zarabiają na nieszczęściu pojedynczych osób. Dorabiają się na naiwności milionów. Czy ludzie, którzy dla nich pracują, chodzą do pracy w koszulkach z napisem „I hate my job"?

Wolałbym nie hejtować hejtu. Wolałbym zło zwalczać dobrem. Staram się wypośrodkować przekaz i nie dokładać nienawiści do walki z nienawiścią. Może ktoś zrozumie, że zysk jednej osoby nie musi się wiązać z cierpieniem drugiej.

Głos tych, którzy mówią o tym wprost, nie przebija się przez zgiełk. Nie robią tego dla błysku fleszy i aplauzu publiczności. Takich ludzi medialnie pomijamy. Skupiamy się na krzykaczach.

•

manipulatorzy

•

Staramy się widzieć w ludziach dobro. Ufamy im. Wierzymy, że chcą dla nas jak najlepiej. Kiedy jednak ktoś zrani nas kolejny raz, często ta sama osoba, zamykamy się w sobie i tracimy zaufanie, którym jeszcze nie tak dawno obdarowywaliśmy naszych znajomych. Problem może okazać się szczególnie istotny i bolesny dla osób, które mają naturę dawcy. Są wrażliwe, chcą dla ludzi jak najlepiej, walczą o ich uznanie, zasypują je prezentami i nigdy, przenigdy nie chcą wchodzić w konflikty. Oddają siebie innym, zamiast walczyć o swoje. Jakby nie było, są to niezwykle szlachetne i pożądane wartości. Niestety, niektórzy ludzie tylko czyhają na takie jednostki. Chcą je wykorzystać, posługiwać się nimi, manipulować, zrzucać na nie winę. Tacy manipulatorzy nie działają najczęściej świadomie i z zamiarem czynienia komuś zła. Są po prostu skoncentrowani na sobie, na celu, na wygranej i utrzymaniu kontroli nad ludźmi i sytuacją. Chęć manipulacji innymi wynika tak naprawdę z ich głęboko zakorzenionej, skrzywdzonej natury, a oni sami bardzo często nie mają na to żadnego wpływu.

Manipulator może się posługiwać zarówno technikami agresywnymi, jak i pasywnymi. Może na ciebie krzyczeć, wrzeszczeć, zastraszać cię, grozić ci, skarżyć się i oskarżać ciebie. Może się też obrażać, naburmuszać, ignorować, udawać ofiarę i obarczać winą. Każda z tych technik służy tylko jednemu – ma zmusić cię do zmiany stanowiska. Większość z nas nie potrafi rozpoznać źródła takich zachowań. Niby wiemy, że coś jest nie tak, ale trudno jest nam to zidentyfikować, nazwać po imieniu i reagować odpowiednio do sytuacji. Jesteśmy często manipulowani w sposób bardzo skomplikowany, perfidny i trudny do wychwycenia. Często wydaje nam się nawet, że ktoś dba o nasze dobro tylko po to, żeby po chwili odwrócić kota ogonem i wykorzystać sytuację przeciwko nam. Co gorsza, manipulatorzy mogą znać nas lepiej niż my sami siebie. Wiedzą, co zrobić, aby wywołać u nas konkretne reakcje. Znają mechanizmy ludzkich zachowań i wykorzystują to bardzo sprawnie.

Warto pochylić się nad tym tematem i scharakteryzować kilka typów manipulacyjnych, żeby łatwiej było wychwytywać próby manipulacji na co dzień i lepiej rozumieć zdarzenia, które nam się przytrafiają.

winowajca

Metoda szczególnie efektywna, kiedy stosuje się ją wobec osoby o niskim poziomie asertywności, która na wszystko się zgadza i stara się unikać konfliktów za wszelką cenę. Aby przejąć władzę nad taką osobą, uzyskać na nią wpływ i nią manipulować, wystarczy wmówić jej, że myśli tylko o sobie i nie jest wrażliwa na sprawy drugiego człowieka. Jeśli zacznie się opierać, wystarczy dodać tylko: „Nie spodziewałem się tego po tobie. Myślałem, że jesteś dobrym kolegą. No cóż, jest jak jest. Dzięki”.

ofiara

Najpierw opowie ci swoją tragiczną historię – wciągnie cię w nią do tego stopnia, że w pewnej chwili możesz poczuć się współodpowiedzialny za ból, który odczuwa, chociaż nie masz z tym nic wspólnego. Odpowiedzialność za zaistniałą sytuację zwali na wszystkich wokół, tylko nie na siebie. Wyrobi w tobie poczucie winy i potrzebę przyjścia jej z pomocą. Najchętniej mówiłaby tylko o sobie, wyolbrzymiając wszystko, co ją spotkało. Robi to, żeby zwrócić na siebie uwagę, podkreślić, w jak trudnej sytuacji się znalazła. Jeśli coś kosztowało pięć złotych, powie, że kosztowało pięćdziesiąt. Nie poprosi cię o pomoc w poradzeniu sobie ze swoim bólem, lecz o zajęcie się sprawami, które ten ból wywołały. Wyśle cię na swoją wojnę i każe walczyć zamiast niej. Kiedy tylko zorientujesz się, co się dzieje, odwróci się od ciebie i powie, że nigdy o nic nie prosiła. Zaraz po tym ujawni kolejną traumę, z którą będziesz musiał się zmagać.

głupek

Niby nie wie, o co ci chodzi. Jego uwaga jest wybiórcza. Zwraca uwagę tylko na to, co jest dla niego istotne. To, co jest dla ciebie istotne, a nie dotyczy jego, nie obchodzi go w ogóle. Radź sobie sam. Udaje głupka, kiedy mówisz o czymś oczywistym. Całą rozmowę może z grymasem na twarzy podsumować stwierdzeniem: „Nie chcę już o tym słuchać!”.

sługa

Chce dla ciebie jak najlepiej! Wszystko przyniesie, poda, pozamiata, załatwi za ciebie. Ty się o nic nie martw! Siedź tylko i pozwól, żeby zdjął z ciebie kolejną bolączkę. Sługa dobrze wie, że dzięki komplementom i pochwałom może wejść z tobą w głębszą relację. Często mówi, że dobrze wyglądasz i jaki jesteś wspaniały. Dobrze wie, że zależy ci na akceptacji, dobrej opinii i uznaniu, a właśnie to potrafi zaserwować najlepiej. Zanim się obejrzysz, może zyskać już na ciebie ogromny wpływ, który dostrzeżesz dopiero, kiedy nastąpisz mu na odcisk.

kłamca

Nigdy się do niczego nie przyzna. Zawsze odwróci kota ogonem. Powie ci, że to, co widziałeś, nie było prawdą. Pokażesz mu białe, powie, że to czarne. Pokażesz mu czarne, powie, że to białe. Na wszystko znajdzie wymówkę. Na wszystko znajdzie argumenty. Jest tak zwinny w kłamstwie, że nie będziesz potrafił odróżnić już prawdy od fałszu. On też nie.

wycofany

Tworzy wokół siebie aurę tajemniczości. Zmusi cię do domysłów i drążenia tematu w najprostszych sprawach. Nie lubi rozmawiać o sobie. Wydaje się towarzyski, ale wszystkich trzyma na dystans. Kiedy spróbujesz na niego naciskać, zacznie się wycofywać i chować w obawie przed wyjawieniem sekretów, które tak mocno skrywa. Po ukazaniu swojej dobrej strony może nagle uciąć kontakt z osobą, przy której tak się otworzył.

mistrz

Przy nim cały czas masz wrażenie, że jesteś oceniany, krytykowany i monitorowany. Uważa wszystkich za gorszych, mniej uzdolnionych, głupich. Chce być potrzebny. Przekona cię, że świat bez niego jest straszny i okrutny. W rozmowie udowodni, jak bardzo się mylisz, nie masz racji i jak bardzo źle postąpiłeś. On by to zrobił inaczej. Przyjmuje styl dyktatora, który najchętniej wszystkich ustawiłby w szeregu. Nie daj się podporządkować.

Niezależnie od sytuacji najlepiej jest poznawać siebie i osoby wokół. Ludzi nie da się podzielić na kilka typów, które wystarczy wykuć na blachę. Pamiętaj, że jeśli ktoś chce tobą manipulować, nie robi tego z perfidnej chęci czynienia zła, lecz najczęściej ze zranienia i cierpienia, przed którym teraz chce się tylko zabezpieczyć. Nie jest świadomy, jak destrukcyjne mogą być jego działania. Wiedza o prawdziwych intencjach i motywach takich działań może pomóc ci w naprawianiu prawdziwego problemu – nie gonieniu smoków, które są na ciebie nasyłane, a udzieleniu faktycznej pomocy drugiej osobie, która cierpi.

Kiedy czujesz, że coś ci nie pasuje i coś nie gra, po prostu nazywaj rzeczy po imieniu. Nie bój się reakcji. Mów, co ci leży na sercu, i przełamując strach, mów drugiej osobie o obawach przed byciem manipulowanym.

7

SENS

W TLE:

M83 • *Wait*

•

W pewnym momencie czułem się tak, jakbym jedną nogą przebywał w świecie duchowym, a drugą – w materialnym. Zrozumiałem też, że kiedy ograniczam swoje życie do jednego z nich, automatycznie staję się nieszczęśliwy. Kiedy koncentruję się tylko na tym, co mam przed sobą, zaczynam czuć, że czegoś mi brakuje, a kiedy skupiam się na życiu wewnętrznym, zaczyna się zamykanie na świat zewnętrzny i w końcu depresja. Jak we wszystkim ważna jest równowaga.

Niezależnie od tego, czy skupiałem się na sobie czy nie, zawsze chciałem zrozumieć innych. Człowieka, który boryka się ze swoimi problemami, walczy o siebie i o swoich bliskich, stara się ogarnąć, po co żyje na tej planecie i jak znaleźć sensowny sposób na życie. Nie ma dla mnie nic ciekawszego na tej ziemi niż człowiek. Większość tematów da się zbadać od początku do końca, człowiek natomiast jest nieskończony. Jest tak skomplikowanym organizmem, że można siedzieć i dłubać w nim bez końca. Nie jest komputerem, nie da się przewidzieć jego zachowań. Jest nieustającą zagadką.

•

empatia

•

To może być dobry moment, żeby napisać o tych, którzy nie mają ochoty dalej żyć. Eksperci i psychologowie powiedzą, że nie powinno się o tym mówić, nie powinno się w ogóle dotykać tego tematu. A jeśli już, to należy zachować szczególną ostrożność. W dużej mierze się z nimi zgadzam – jeden nieprzemyślany ruch i możesz zepchnąć kogoś z poręczy, z której tak bardzo chcesz go ściągnąć. Zdaję sobie z tego sprawę, ale nie chcę o tym myśleć. Wolę czuć, że pomagam. Chcę poczuć ból wypełniający tych ludzi. Nazwij mnie masochistą, proszę bardzo.

Nie mam ochoty pozwalać sobie na to zbyt często, nie mam też ochoty zajmować się tym tylko dlatego, że inni tego chcą. Proszę więc nie przesyłać do mnie maili ze swoimi problemami, bo ja ich nie rozwiążę. W tej książce, w Internecie, a może w kolejnych książkach albo w jakiejkolwiek innej formie chciałbym wyrazić wszystko, co mogę, zrobić jak najwięcej. Nie mam potrzeby ratowania świata. Wiem, że jestem tylko kroplą w morzu. Ty jesteś kroplą w morzu. Ta książka jest kroplą w morzu. Nie jesteś jedyny.

Poczułem się kiedyś, jakbym był mydłem do ludzkich problemów, jakbym był stworzony tylko po to, by wszędzie dookoła zauważać cierpienie. Gdziekolwiek spojrzałem, tam dostrzegałem cierpienie. Jak ten dzieciak z *Szóstego zmysłu*! Niektórzy powiedzą, że to normalne objawy kompleksu Mesjasza. Owszem! Inni powiedzą, że chodzi raczej o nadwrażliwość na emocje drugiego człowieka. Owszem! Jakkolwiek by to nazwać, stan ten nie trwał długo. Ale jednak trwał, i jak mówiłem wcześniej (i jak głosi wielka internetowa mądrość), kiedy już raz coś zobaczysz, trudno to „odzobaczyć". Nie mogę ratować wszystkich. Nikogo nie zmuszę też do słuchania. Ciągnie mnie jednak do tego nieudawanego, niezakłamanego bólu człowieka, którego nie doświadczam w codziennych, powierzchownych kontaktach. Nie zobaczę go na ulicy, a jednak wiem, że on tam jest. Siedzi głęboko i wychodzi na światło dzienne albo w samotności, albo w szczerych relacjach.

Cieszę się, że nie widzę tego już tak jak wcześniej, bo nie byłbym w stanie tego znieść. Chodziłbym tylko i krzyczał każdemu do ucha, że wszędzie jest tylko cierpienie, że korporacje chcą nas usidlić, że wszyscy jesteśmy wykorzystywani i manipulowani! I ogólnie tragedia. Nie, nie tędy droga! I nigdy nie uwierzę, że właśnie w ten sposób należy z tym walczyć. Jestem wręcz przekonany, że im więcej negatywnych informacji przynosi się na świat, tym mocniej się zasila cały ten proces. Zgodnie z zasadą „Nie myśl o czarnym kocie". O czym pomyślałeś? O czarnym kocie!

Wierzę w to, że pozytywną stronę rzeczywistości można kreować tylko za pomocą pozytywnych narzędzi. Dotyczy to wszystkiego: słów, zachowań, myśli, wzorców, idei, postaci, architektury, grup, rządów. Owszem, można na coś uwrażliwiać, ale nigdy nie w negatywnym kontekście. Nie krytykować. Pokazywać palcem, ale nie oceniać. Zadawać mądre pytania, nie udzielać negatywnych odpowiedzi. Szczerze wierzę w to, że to jedyna droga. Jeśli ktoś czuje się szczęśliwy w życiu, niech nie czyta następnego wpisu. Niech od razu przeskoczy do kolejnego. MÓWIĘ SERIO. O cholera, jeszcze bardziej rozpaliłem twoją ciekawość.

weltschmerz

Logicznie rzecz biorąc, życie nie ma sensu. Rodzisz się po to, żeby umrzeć. Patrząc na to tylko z punktu widzenia logiki, jeśli twoje życie to pasmo nieszczęść, dalsze życie nie ma sensu. Nie zanosi się przecież, żeby cokolwiek w tej materii miało się zmienić. Rozumiem to doskonale, bo sam tak miałem. Nawet mówiłem o tym moim bliskim – chciałem, żeby poczuli mój ból. Przekonywałem ich, że nigdy nie zmienię zdania, bo jeśli się to już raz zrozumie, jest po ptokach. Skoro już raz doszedłem do tego, że życie nie ma sensu, nie mogłem przestać o tym myśleć. To tak jakby wejść na szczyt góry, zejść na dół i zapomnieć o tym, co się widziało na górze.

Ale gdyby rzeczywiście tak było, czy mógłbym teraz o tym pisać? Raczej trudno to sobie wyobrazić. Masz wybór – albo potraktujesz te słowa jako promyk nadziei, że jednak istnieje jakieś lepsze jutro, albo możesz to zbyć, potraktować jak kolejny z dupy argument: „To, że komuś się raz udało, to tylko przypadek. Mnie się na pewno nie uda. Moje życie jest do kitu". Wiem, że teraz może to zabrzmieć głupio, ale twoje życie jest zawsze takie, jakie chcesz, żeby było. Brzmi to idiotycznie. Samobójstwo oznacza poddanie się umysłowi. Popełniając samobójstwo, ulegasz złudzeniu, że jesteś swoim umysłem i wszystkimi jego wyprodukowanymi myślami. A to nieprawda – jesteś czymś więcej.

Nie mam ochoty nawet opowiadać ci, że życie jest piękne, tralala, kwiatki, pszczółki, owieczki, sielanka. Ogólnie żyć, nie umierać. Nic to nie daje, a tylko wkurza. Nic bardziej nie wkurza osoby w depresji niż wszystkie te uśmiechnięte mordy naokoło, które twierdzą, że są szczęśliwe. Żeby was pokręciło od tych sztucznych uśmiechów! Skąd o tym wiem? Bo sam tak miałem. Nie mogłem znieść tego, że wszyscy dookoła są radośni, tylko nie ja. Że z innymi wszystko jest w porządku, tylko ze mną coś nie tak. Mogę cię zapewnić o jednym. To, że wszyscy się uśmiechają, nie znaczy, że nie płaczą do poduszki od tego udawania, kiedy są sami w domu. Przestań się przejmować innymi. Przejmuj się sobą.

Usłyszałem kiedyś od bliskiej mi osoby coś takiego: „Ja wiem, że całe życie będę nieszczęśliwy, bo moim zadaniem w życiu jest być nieszczęśliwym". WAIT, WHAT? Co takiego? Kto ci takich bzdur nagadał? Gdzieś ty to przeczytał? W której mądrej gazecie to napisali? Bo sam przecież nie mogłeś do tego dojść. Kto na własne życzenie chciałby być nieszczęśliwy? Nikt!

A jednak znajdzie się niejeden, który stwierdzi, że jego zadaniem w życiu jest być nieszczęśliwym. No, faktycznie. Urodził się po to, żeby cierpieć za miliony. Ja tu piszę, że czuję się jak mydło do ludzkich problemów, a tymczasem mamy prawdziwego Jezusa przed sobą! Jak mogliśmy być tak ślepi i nie zauważyć go wcześniej? Jego zadaniem jest cierpieć za miliony i żyć w nieszczęściu! Abba, Ojcze!

Bijmy pokłony, bo przybył do nas wybraniec. Uchroni nas od złego, bo umrze za nasze grzechy!

Gwarantuję ci, z takim myśleniem daleko nie zajedziesz. Skoro sam wyznaczasz sobie cel, który polega na tym, że masz być nieszczęśliwy, to jakim cudem miałoby się to zmienić? Jakim cudem ja miałbym to zmienić? To niemożliwe.

Staram się przypomnieć ten moment, który pozwolił mi zmienić kąt myślenia chociaż o jeden stopień. Nie jest to łatwe zadanie, znaleźć ten pstryczek, który jakimś cudem cię odblokuje. Nie wiem, czy istnieje w ogóle coś takiego, jakieś panaceum na wszystkie bolączki. Na pewno u mnie był to długi proces. Nie obudziłem się nagle jednego dnia i nie zobaczyłem świata przez różowe okulary. Dochodziłem do tego ponad pół roku. To dość długi czas, ale biorąc pod uwagę przeciętną długość życia, wcale nie tak bardzo. Ile jeszcze przede mną lat, które mogły być czarno-białe, a są kolorowe!

A tak w ogóle, jakże śmieszne muszą ci się wydawać moje wywody. Czym jest mój weltschmerz i ból istnienia przy twoich problemach z ojcem alkoholikiem, matką, której nigdy nie ma w domu, brakiem pieniędzy na jedzenie albo długoletnią narkomanią. Nie ta liga, synku, z czym do ludzi. Wracaj na podwórko. Gówno widziałeś, gówno przeżyłeś, prawda? Jak najbardziej, dokładnie tak jest. Życie mnie oszczędziło. Nie przeżyłem żadnej prawdziwej traumy, oczywiście według klasycznej definicji, którą ktoś tam kiedyś stworzył.

Nie mam zielonego pojęcia, jak to jest być wychowywanym w patologicznej rodzinie. Nie mam pojęcia i nie mam zamiaru udawać, że jest inaczej. Nikogo nie zmuszam do słuchania. Nie mam też obowiązku udowadniać, że przeszedłbym przez piekło tylko po to, żebyś czuł się spełniony. Możesz po prostu zamknąć tę książkę i ją wyrzucić.

Ale ty oczywiście nadal jesteś ciekawy, co ten pyrtek ma do powiedzenia. Chociaż jestem w twoich oczach mniej doświadczonym człowiekiem, twoja ciekawość wcale nie słabnie. Zastanawiające, nie?

•

tabu

•

Wpadłem jakiś czas temu na pewną stronę na Reddicie. Jeden z użytkowników zadał pytanie: „Co waszym zdaniem jest dziś otoczone największą stygmą społeczną"? Stygmat – czyli największy temat tabu, coś, czego generalnie nie należy tykać nawet patykiem. Wiecie, jaka była najczęściej padająca odpowiedź? Psychoterapia! Ludzie boją się dzisiaj pójść do terapeuty. Nie dlatego, że nie chcą iść – po prostu boją się napiętnowania ze strony najbliższych, nie chcą dostać etykietki „świr". Dzisiaj wizyta u psychologa jest praktycznie jednoznaczna ze stwierdzeniem „coś jest ze mną nie tak". Kto chciałby, żeby w ten sposób o nim mówiono? Zakładam, że nikt. Dlatego chodzimy na terapie po kryjomu i z nikim się nie dzielimy tą wiadomością. Jaki jest tego rezultat? Stygma cały czas pozostaje. Jeśli jest coś, z czym wszyscy się kryją, czego się wstydzą i do czego się nie przyznają, to musi to być coś złego, no nie?

Kiedy mieszkałem jeszcze w Ropczycach, małym miasteczku, które mogłoby zostać zaklasyfikowane do Polski B, bałem się Jarosławia. W Jarosławiu był zakład psychiatryczny. Wszyscy powtarzali: „Jak zwariujesz, to wywieziemy cię do Jarosławia". Dzieciaki śmiały się z siebie nawzajem: „Jesteś taki głupi, że ciebie to już tylko do Jarosławia wywieźć i tam zostawić". Od najmłodszych lat wpajane nam jest przekonanie, że nie możemy mieć problemów z głową. Nie możemy wpaść w depresję. Nie wiem nawet, czy w tej obawie przed depresją nie przyczyniamy się do jej rozwoju. Mało kto przekonuje, że to żaden wstyd poprosić o pomoc, kiedy czujesz, że życie albo jakaś sytuacja cię przerastają, albo że nie możesz sobie poradzić ze stratą ukochanej osoby. Mózg jest takim samym organem wewnętrznym jak wątroba. A jednak! Masz problem z wątrobą? Idziesz do lekarza. Masz problem z mózgiem? Leżysz cały dzień w łóżku i boisz się wyjść z domu.

Jeśli szukasz terapeuty, możesz zajrzeć tu: ptpp.pl/towarzystwo/czlonkowie. Jeśli nie masz dostępu do terapeuty, nie chcesz do niego iść, bo nie, albo boisz się czy po prostu nie masz kasy, to nic straconego. Najlepiej jest się po prostu wygadać. Najgorsze, co możesz zrobić, to zostać sam z problemem, który dusisz w brzuchu, czujesz w sercu, a analizujesz w głowie.

•

rozmowa

•

Zwykła rozmowa z kimkolwiek, o ile jest szczera, jest niesamowitym środkiem terapeutycznym. Ale do wniosków i tak musisz dojść sam. Nie licz na to, że pójdziesz do psychoanalityka, powiesz mu, co ci leży na sercu, a on od razu wyskoczy z listą rzeczy, które są z tobą nie tak. To w ten sposób nie działa. Zawsze musisz do wszystkiego dojść sam. Ktoś może ci tylko wskazać drogę. Przez ciernie musisz się przedrzeć własnymi siłami...

Ale pewnie, znajdź sobie kumpla, kumpelę, najlepszego przyjaciela. Zapytaj go, czy jest gotowy/gotowa na gównoburzę i po prostu wyrzuć z siebie wszystko. Wyrzuć, że ojciec cię bił, że przeszkadza ci twój nos albo to, że jesteś gruba. Wyrzuć, że boisz się drugiego człowieka, bo wydaje ci się, że tylko czeka na to, żeby cię zabić. Wyrzuć wszystko. Nie martw się, co poczuje druga osoba – przecież zgodziła się ciebie wysłuchać. I tak nie poczuje tego, co ty, będzie jej wszystko jedno, co najwyżej powie o swoich uczuciach, co dla ciebie może być fantastyczną lekcją. Dostaniesz totalnie inną perspektywę. Perspektywę, której mogłeś kompletnie nie brać pod uwagę i nie dostrzegać, ponieważ siedziałeś przez cały ten czas sam ze sobą, we własnej głowie, nie dzieląc się z nikim tym, co czujesz. I nie myśl, że uda ci się rozwiązać ten problem przez Internet! Nie myśl, że wejdziesz na 4chan, IRC albo Chatroulette i zagadasz do kogoś, pisząc na klawiaturze. Wartość rozmowy z prawdziwym człowiekiem twarzą w twarz jest nie do przecenienia.

Nie da się tego podrobić. W Internecie nie da się wywołać tych samych emocji, które rodzą się podczas rozmowy z innym człowiekiem. Słowa są tylko słowami. Są niedoskonałe, niesamowicie niedoskonałe. Te same słowa można zrozumieć nieraz na kilkadziesiąt różnych sposobów. Każdy widzi przecież to, co chce widzieć, to, czego sam szuka. Przekaz niewerbalny jest zdecydowanie ważniejszy od słów: gestykulacja, mimika, zachowanie, postawa, ruchy ciała, ton głosu, wzrok, to, czy będziesz się pocił – to wszystko mówi o tobie więcej, niż ci się wydaje.

Nie bój się tego pokazać. Im bardziej się blokujesz przed spontanicznym zachowaniem, tym mniejsze są szanse, że druga osoba będzie umiała ci pomóc. Jeśli myślisz, że jesteś w stanie przed spotkaniem ułożyć sobie w głowie wszystko, co chcesz powiedzieć, to się mylisz. To tylko wstępniak. Kiedy zaczniesz się otwierać, nic już nie będzie miało znaczenia. Popłyniesz. Otworzy się w tobie dziura, która przez cały ten czas była zamknięta, i zaczną się z niej wydostawać demony. Demony albo muchy, jak w *Zielonej mili*. To tylko metafory tej kuli, którą nosisz u nogi. Im bardziej się blokujesz, tym bardziej kłamiesz, tym bardziej fałszywy obraz siebie prezentujesz i tym mniejszą pomoc jesteś w stanie uzyskać.

Kiedy się już tak porządnie wygadasz, zobaczysz, że pomimo bólu gadka przyniosła ulgę… Poczujesz się lżej, jakbyś zrzucił z siebie jakiś ciężar. To dopiero początek twojej drogi. Niech ta lekkość będzie znakiem, że to, co robisz, jest dla ciebie dobre. Ale nie licz na to, że demony nie wrócą. Tak ciężko pracowałeś, by je do siebie ściągnąć, że nie da się wszystkich wyrzucić za jednym zamachem. W takim razie co jeszcze mogę ci przekazać? Że rzeczywistość wcale nie jest tylko po to, żeby cię udupić.

Wyjdź na dwór – dokąd chcesz, kiedy chcesz, na własnych warunkach, ale wyjdź z domu. Załóż słuchawki na uszy, włącz ulubioną muzykę i idź na spacer. Depresja najlepiej rozwija się w samotności, tak jak grzyb w wilgoci. Możesz z tym walczyć, ale najłatwiej po prostu zmienić otoczenie. Nie musisz z nikim rozmawiać. Po prostu idź poprzebywać między ludźmi. Usiądź na ławce w parku i popatrz na przechodniów. Nie myśl o sobie. Pomyśl przez chwilę o nich. Czego mogą potrzebować, co mogą nosić w sobie? Skoncentruj uwagę na drugim człowieku. Sprawdź, co się stanie.

•

zaufanie

•

Pamiętam ten moment na Blog Forum Gdańsk, kiedy odkryłem, że świat jednak nie jest zły. Nie wiem, co się we mnie przestawiło – po prostu coś pstryknęło. Od zawsze byłem przekonany, że wszyscy mają tylko jeden cel: jak najszybciej się nachapać, nażreć i wrócić do domu z przeświadczeniem, że udało im się zabłysnąć na tle innych ludzi. Oczywiście moim kosztem. Tak widziałem cały świat. Nawet podczas miłych rozmów z ludźmi, których darzyłem sympatią, skrycie myślałem o nich najgorsze rzeczy. Skrycie, bo przecież nigdy nie przyszłoby mi do głowy, aby powiedzieć im prawdę.

No więc żyłem sobie tak bardzo długo, aż nagle ni z gruszki, ni z pietruszki nadeszło objawienie.

Odkryłem, że myślałem tak, ponieważ byłem bardzo mocno zablokowany. Nie dawałem ludziom kredytu zaufania. Nie pozwalałem im być dobrymi. Byłem tak mocno schowany we własnej skorupie, że każdy kontakt z człowiekiem był dla mnie cierpieniem. Żeby to zmienić, musiałem się znowu otworzyć. Jak dziecko – bez uprzedzeń, bez osądów, bez podtekstów. Po prostu pozwolić drugiemu człowiekowi być tym, kim faktycznie chce być. Przestałem postrzegać ludzi jak roboty zaprogramowane, by mnie zniszczyć. Zacząłem widzieć w nich dobro.

Gwarantuję ci i mówię to dzisiaj z pełną odpowiedzialnością – w ludziach jest dobro. Pełno dobra! Czasem starają się je zakamuflować pod otoczką bycia „przechujem". Tak, żeby pasować do tego stwierdzenia, które kiedyś podłapali – że w życiu musisz być skurwysynem. Otwieranie się działa stopniowo. Otwierasz się na jedną osobę i widzisz, że jest w porządku. Otwierasz się na drugą, widzisz, że jest OK. I tak powoli zwiększasz krąg zaufanych osób, aż zbierze się całkiem pokaźna grupka – żeby na końcu stwierdzić, że świat faktycznie nie jest taki tragiczny.

•

towarzystwo

•

Zakładam, że u zdecydowanej większości ludzi depresja bierze się z konfliktu z najbliższym otoczeniem i najbliższymi osobami. To kluczowa sprawa, a im mniejsza miejscowość, tym większy jest z tym problem. Jeśli mieszkasz w Warszawie, masz takie możliwości zmiany ludzi, którzy cię otaczają, że nie stanowi to specjalnej trudności. Nie pasuje ci towarzystwo? Zmień je, nie ma problemu. Natomiast w małym miasteczku albo na wsi sprawa wygląda zupełnie inaczej. Tam wszyscy wszystkich znają i nie jest tak łatwo się wyrwać.

Jeśli ktoś cię unieszczęśliwia, mówisz, że jesteś w sytuacji bez wyjścia i nie masz jak się z niej wydostać. To nieprawda. Wiesz dlaczego? Po prostu boisz się uciec. Boisz się zostawić wszystko za sobą i wynieść się w cholerę. Boisz się zostawić najbliższych, boisz się zmiany trybu życia, nowych wyzwań, nowych znajomości, nowego świata. Odpowiesz mi, że wcale tak nie jest. Jasne, są oczywiście skrajne przypadki, mogłeś przecież zamknąć się w piwnicy, ale zakładam, że wtedy nie miałbyś nawet możliwości kupienia tej książki. Tym, co cię ogranicza i wymusza siedzenie na dupie, zawsze jest tylko strach. Nikt nie pokona go za ciebie i nikt cię nie uratuje. Musisz to zrobić sam. Nie mam zamiaru cię przekonywać ani namawiać do zmiany. Rób, jak uważasz.

Nie piszę tego, żeby się wymądrzać; nie mam takiej potrzeby. Im bardziej poznaję świat, tym głupszy się staję. Wiem po prostu, jak bezsensowne potrafi być motywowanie kogoś, żeby się podniósł i zrobił coś dla siebie. Najważniejsze dla cierpiącej osoby jest, aby poczuła, że ktoś inny czuje jej ból. Że ktoś inny ma tak samo, cierpi tak, jak ona. Dlatego właśnie zarażamy bólem, przenosimy go na innych, byle tylko nie zostać z nim sam na sam. „Nie widzisz, jak ja tu cierpię?!" Myślałem dokładnie tak samo. Miałem totalnie w dupie problemy innych – przecież to oni powinni się zainteresować moimi problemami. Hello?! Jestem tutaj!

•

energia

•

Jeśli chcesz się wyrwać z jakiegoś stanu, który cię przytłacza, musisz się rozhuśtać. Przestań więc pocieszać się serialami i oglądać głupie filmiki w Internecie. Dobrze wiesz, że to przynosi tylko chwilową ulgę. O ile w ogóle można nazwać ulgą to, że na moment stłumisz uczucie, które drąży w tobie dziurę. Doskonale zdajesz sobie sprawę z tego, że tak naprawdę żaden problem się wtedy nie rozwiązuje – po prostu przez chwilę czujesz się troszeczkę lepiej.

Dlatego właśnie musisz się rozhuśtać.

Zapis EKG twojego życia jest płaski jak niewzruszona tafla wody: nic się tam nie dzieje, nic nie daje radości. Masz wrażenie, że nie potrafisz odczuwać już nawet smutku. Wszystko straciło znaczenie, dni mijają jeden za drugim, są podobne do siebie jak krople wody. Każdy moment jest taki sam. Znieczuliłeś się do tego stopnia, że nie widzisz już różnicy między wczoraj, dzisiaj i jutrem. Paradoksalnie w tej sytuacji pomaga cierpienie. Tak jest, cierpienie. Trzeba pozwolić sobie na ból. Powinieneś pozwolić, aby wypruł z ciebie flaki, aż zobaczysz, że w środku coś jest. Że tam, pod skorupą codzienności, kryje się coś więcej. Wcześniej określałem to mianem Boga. Ale to słowo oznacza po prostu ciebie, twoją witalność, chęć do życia, moc sprawczą, pasje, usposobienie, altruizm. To wszystko dalej w tobie jest, choć zostało przysypane grubą warstwą gruzu. Możesz się spod niego podźwignąć.

A może drogą ratunku jest jednak szczęście? Oczywiście, choć mnie trudniej było je odczuwać w takim stanie. Zdecydowanie łatwiej było wyciągać cierpienie, które na dodatek może czegoś nauczyć i pozwala wyciągnąć wnioski. Mocne przypływy radości dają ci tylko znak, że warto dalej walczyć. Ale dopóki nie pozbędziesz się cierpienia, dopóty będziesz miał wątpliwości, czy warto się zmagać. Obejrzyj jakiś poruszający film. Posłuchaj swojej ulubionej muzyki, która wyciąga z ciebie uczucia – i zajrzyj w nie. Tylko tam jesteś w stanie znaleźć odpowiedź. Nie w słowach, nie w pocieszeniach, nie w nowym telefonie, nie w lajkach na Facebooku. Tylko w emocjach. Zapewniam cię, one po coś są, po coś istnieją.

Mógłbym jeszcze na koniec przywalić coś związanego z pasją. „Znajdź sobie pasję" – ale klisza! Po pierwsze, nie każdy ma pasję, a po drugie, wiem, jak trudno jest znaleźć coś, co cię ucieszy, kiedy tak naprawdę nic cię nie cieszy i na nic nie masz ochoty. Pasji nie można wynaleźć. Można ją tylko wyłapać, kiedy się pojawi, jak zakochanie.

Nie wiesz, co przyniesie jutro, kto stanie na twojej drodze, czy nagle nie dostaniesz nowej energii do działania i nie podniesiesz się ze wszystkiego, co cię przytłacza. Oczywiście, możesz logicznie wyliczyć, że skoro nic się nie zmieniło od dziesięciu lat, to najprawdopodobniej jutro też nic się nie zmieni – ale nie masz żadnej pewności. Statystycznie rzecz biorąc, masz rację, ale życie nie jest statystyczne.

Gdyby było, to nie mielibyśmy co liczyć na powstanie życia na Ziemi – szansa była tak mała...

Cierpliwość i otwarta głowa – pozwól sobie na to. Jeśli nie chce ci się nic robić, przynajmniej siedź i oglądaj. Nie oceniaj, nie przywiązuj się, nie dopatruj się wszędzie zła.
Po prostu żyj i patrz, jak życie rozwija się wokół ciebie.
To już samo w sobie jest niesamowicie ciekawe.

•

odwaga

•

Czy istnieje jakiś jeden sprawdzony sposób na wyjście z otępienia? Absolutnie nie. Mówiłem już, że nie ma czegoś takiego jak metoda dziesięciu kroków do szczęśliwego życia, nawet jeśli ktoś twierdzi inaczej. Każdy jest inny, każdy ma inne potrzeby i każdy szuka swojej drogi, czy to będzie pasja, czy duchowość, czy pomaganie innym, czy cokolwiek innego. Zakładam, że moje przemyślenia mogą się przydać tylko tym, którzy są w jakimś stopniu do mnie podobni, mają podobne rozterki i przemyślenia. Wielu pewnie nawet nie dotrwało do tych słów, bo cały ten bełkot jest totalnie nie w ich stylu – całkowicie to rozumiem i nie mam z tym problemu.

Na koniec jeszcze jedno pytanie: czy samobójstwo jest aktem odwagi czy tchórzostwa? Zastanawiające, że ludzie są przekonani do jednego albo do drugiego, prawda? Przecież to dwa końce tego samego kija. Człowiek w depresji powie, że to akt odwagi, a człowiek szczęśliwy – że akt tchórzostwa. Dlaczego tak jest? Otóż kiedy nie widzisz sensu, by dalej żyć, wszystko wydaje ci się beznadziejne, nie potrafisz już rozmawiać i dogadać się z ludźmi, nic nie daje ci radości, to myślisz sobie: „Kurde, ktoś naprawdę musiał mieć jaja, żeby skończyć ze sobą". Nawet w depresji i totalnej beznadziei zawsze zostaje ten zakodowany instynkt przetrwania, który wstrzymuje nas przed pokonaniem niewidzialnej bariery. Do tego odnosi się w głównej mierze „akt odwagi" według tych, którzy tak to widzą – że ktoś znalazł w sobie siłę do pokonania swoich najgłębszych instynktów. Też zdarzyło mi się myśleć w podobny sposób. O samobójstwie pomyślałem może kilka razy, a zdecydowanie częściej zastanawiałem się, co może kierować ludźmi, którzy się decydują na taki krok. Dla tych natomiast, którzy nie znają depresji z autopsji, taki wybór może faktycznie kojarzyć się z tchórzostwem, ponieważ wynika ze strachu przed życiem.

Ale ja bym tego nie nazwał tchórzostwem. Raczej niezrozumieniem.

•

zagadka

•

Życie jest zagadką. Nikt nic nie wie. Błądzimy na ślepo, szukając włącznika światła. Nie wiemy, skąd się wzięliśmy, i nie wiemy, co się z nami dzieje po śmierci. Wszystkie wyjaśnienia oparte są na domysłach. Dlatego jest tak wiele wyjaśnień i tyle wojen: bo czyjaś teoria jest „lepsza" niż kogoś innego. A przecież wiemy tylko tyle, że wszyscy jedziemy na tym samym wózku i siedzimy w tym samym po uszy. Jest noc, a nam działa tylko jeden reflektor i widzimy raptem parę metrów przed sobą. Nie wiemy, ile nam jeszcze zostało ani co będzie na końcu drogi. Możemy się obrazić, usiąść i stwierdzić, że życie jest bez sensu. Nie chce nam się iść dalej, więc będziemy siedzieć i czekać, aż coś się stanie. Możemy też pójść naprzód w nadziei, że ktoś czeka na nas z ciepłą zupą i pytaniem: „Co tak długo?!".

Łączy nas wszystkich jedno – śmierć. Wszyscy kiedyś umrzemy. Nie będzie nas, zamkną nas w trumnach albo spalą i rozsypią na wietrze. Tyle zostanie z naszych myśli, planów, niespełnionych marzeń, pięknych domów, worków pieniędzy i szybkich samochodów. Zostaną nasze dzieci z tym, co im zostawimy. Z wszystkimi naszymi długami, niespłaconymi kredytami i zasyfionym środowiskiem. Nie będzie już okazji naprawić zepsutych związków ani przeprosić za błędy. Nie będzie można wyrazić skruchy i obiecać poprawy.

Pamięć o tym, że kiedyś będziemy martwi, wszystko ułatwia: zarysowuje perspektywę. Jak można logicznie wytłumaczyć strach przed egzaminem, skoro i tak nie będzie to miało żadnego znaczenia po naszej śmierci? Pamięć o śmierci pozwala też spojrzeć dalej niż na czubek własnego nosa. Zrozumieć, że bez nas życie będzie toczyć się nadal. Że są na świecie inni, ludzie w potrzebie, którzy nie urodzili się w tak sprzyjających warunkach jak my. Nieważne, jak źle masz w życiu – pomyśl o tym, że jest ktoś, kto ma sto razy gorzej, jest głodny, spragniony, nie ma domu. Potrafisz to sobie w ogóle wyobrazić? Nie potrafisz? Jesteś oderwany od rzeczywistości jak menadżer w wielkiej korporacji, który nie ma pojęcia, jaką pracę wykonuje podległy mu pracownik. Nie rozumie, że życie poniżej jego statusu też ma kolory i jest godne uwagi.

Myślisz, że jesteś ważny. Nie jesteś. Myślisz, że jesteś wyjątkowy. Nie jesteś. Myślisz, że wszystko, co osiągnąłeś, zawdzięczasz sobie. Nieprawda. Jesteś sumą wszystkich ludzi, których spotkałeś, sumą wszystkich przeczytanych książek. Sam mógłbyś co najwyżej wziąć patyk, wystrugać oszczep i przy odrobinie szczęścia zabić nim dzika.

Doceń to wszystko. Wypełni cię wtedy ogromne poczucie wdzięczności, pokory i szacunku dla drugiego człowieka.

być sobą

Ktoś zadał mi ostatnio pytanie, co tak naprawdę mam na myśli, kiedy mówię, że w życiu trzeba być sobą. Czy biorę pod uwagę sytuacje, w których ktoś może to opacznie zrozumieć? Czy opryskliwa osoba, która ma w dupie wszystkich dookoła, jest sobą? Moja odpowiedź brzmi: owszem, jest sobą. Bycie sobą nie oznacza tylko pozytywnych cech. To, jak ktoś odnosi się do innych ludzi, wiele mówi o nim samym. Kiedy mówię „Bądź sobą", zazwyczaj mam na myśli „Nie udawaj". Nie udawaj, że coś ci się podoba, kiedy jest inaczej. Nie zakładaj maski, żeby się komuś sztucznie przypodobać. Tylko tyle i aż tyle. Oczywistą sprawą jest, że każdy z nas powinien starać się być jak najlepszy i pracować nad swoimi wadami, ale nie myliłbym tego z „byciem sobą".

Nie daj się rozszarpać. Nie bądź na każde zawołanie drugiego człowieka. Pozwól komuś innemu zająć się sobą. Dopiero kiedy weźmiesz się za siebie, będziesz mógł pomagać innym, nigdy na odwrót. Nie pomagaj innym w nadziei, że otrzymasz coś w zamian. Owszem, może tak się stać. Ale co się zacznie dziać z tobą, kiedy nie otrzymasz tego, czego oczekiwałeś? Naprawianie świata nie jest twoim zadaniem, odpuść. Zawsze rób to, co sprawia ci przyjemność, i nie oglądaj się na innych. Może im się to nie spodoba. No i co z tego? Co to zmienia? Czy powoduje, że tracisz cały entuzjazm? Nie! Wtłacza cię tylko w cudze ramy i pokazuje, jaki miałbyś być według innych, a nie postępując w zgodzie ze sobą.

Jaki ktoś ma interes w tym, żeby dyktować, co możesz, a czego nie możesz robić? Może to robić z troski, owszem. Wyraża jednak tym samym tylko swój własny ból, własne niespełnione marzenia, które po prostu przelewa na ciebie. Olej to. Jakie to ma znaczenie? Odetniesz się od takiego myślenia tylko wtedy, kiedy przestaniesz potrzebować do szczęścia akceptacji innych ludzi, kiedy zrozumiesz, że sam możesz decydować o tym, kiedy chcesz się z kimś spotkać, że możesz pójść na tę imprezę, na którą zawsze chciałeś pójść, ale zawsze bałeś się, co pomyślą o tobie inni. To nie twój problem, co sobie pomyślą. Przejmujesz się tym tylko dlatego, że uzależniłeś się od swojego obrazu, który wytworzyło społeczeństwo. Inni zrobili to za ciebie, a ty na to pozwoliłeś. Teraz musisz się tego oduczyć. Oduczyć się wszystkiego, co wcześniej wiedziałeś o sobie.

Wszyscy powinniśmy lepiej zrozumieć, że nie jesteśmy tacy sami. Obejrzałem niedawno filmik przekonujący, że powinniśmy dużo pracować i zawsze kończyć rozpoczęte projekty. Owszem, na pewno niektórzy tego potrzebują. Ale na dobrą sprawę każdy, kto mówi „jak żyć", ma na myśli przede wszystkim samego siebie, mierzy ludzi swoją miarą i zwraca się do sobie podobnych. Sam robię przecież tutaj dokładnie to samo. Wszystko jest w porządku, jeśli odbiorca rozumie, że właśnie tak powinien to traktować. W przeciwnym razie będzie mu się wydawało, że ktoś odnosi swoje przekonania do wszystkich.

Jeśli więc odbiorca czuje, że przesłanie wcale nie go dotyczy, nie powinien czuć się gorszy. Absolutnie i kategorycznie nie. Jeden lubi pracować, być mrówką w mrowisku, kręcić się wkoło, harować od rana do nocy i nie zatrzymywać nawet na moment. Ktoś inny lubi siedzieć i patrzeć, pracować tylko kilka godzin dziennie, a resztę czasu spędzać na graniu w gry. Czy jest w tym coś złego? Nie.

Złem jest twierdzenie, że wszyscy musimy się pozagryzać w wyścigu szczurów. Jeśli ktoś ma na to ochotę, zostaw go w spokoju. Jeśli ktoś nie ma, również zostaw go w spokoju.

sens życia

To wszystko sprowadza nas do ostatniego pytania – jaki jest sens życia?

W moim życiu są dwa. Po pierwsze, robić coś dla drugiego człowieka. Dawać. Być potrzebnym. Zająć się kimś w sposób charakterystyczny dla nas, jedyny i niepowtarzalny. Korzystać z tego, co otrzymaliśmy od życia, i z doświadczeń, które nas ukształtowały. Dźwignąć za kogoś coś, czego on nie jest w stanie unieść. Przyszyć mu łatkę na spodniach. Stworzyć dla niego coś, co mu posłuży, a czego sam nie jest w stanie wymyślić. Nie wyręczać. Pomagać tam, gdzie ta pomoc jest faktycznie potrzebna.

Drugim sensem jest nauka i nieustanny rozwój. W życiu możemy się sporo o sobie dowiedzieć. Możemy się też sporo nauczyć o otaczającym nas świecie i ludziach, z którymi przyszło nam żyć. Niestety, bardzo pomocne w tej nauce okazuje się coś, przed czym chcą nas uchronić praktycznie wszystkie religie świata, czyli cierpienie. To nie z sukcesów i radości wyciągamy nauki, lecz z porażek. Nieważne, jak wysoko jesteś – ważne, z jak wysokiego konia spadasz.

Spełnienie wypływa z poczucia bycia docenianym i potrzebnym. Dawanie w zgodzie ze sobą i z przyjemnością jest najpiękniejszą rzeczą w życiu.

ZAKOŃCZENIE

•

Najtrudniej jest być sobą – odważyć się być sobą, przestać się bać. Słuchać intuicji i działać w zgodzie z nią. Wychwycić swoją unikalność spośród miliona głosów, które mówią nam, jak mamy się zachować. Można to porównać do wertowania książki w poszukiwaniu jednej, konkretnej strony, która faktycznie ma dla nas jakieś znaczenie. To właśnie na niej zapisane są nasze życie, nasze upodobania, wartości, nasza dusza.

Pisanie tej książki było niesamowitą przygodą. Trudno mi określić, ile się dzięki temu nauczyłem, zarówno o samym sobie, jak i o świecie. Przetworzyłem swoje niepozbierane myśli w ciągi słów, poukładałem ten nagromadzony w środku chaos. Miałem rację, kiedy napisałem na początku, że będzie to przeżycie terapeutyczne.

Od kilku dni spisuję wszystko, co wpadnie mi do głowy. Dosłownie wszystko. Żeby nie zalegało, żeby nie tworzyło niepotrzebnego balastu, żeby nie nosić go ze sobą. Daje mi to niesamowitą kontrolę nad procesem myślowym. Łatwiej jest mi wyłapać pojawiające się i przemijające myśli. Spisanie pozwala je ponownie przeanalizować, przyjrzeć się im z nowej perspektywy, zrozumieć je na nowo. To jak powracanie po roku do przeczytanej już książki, by odnaleźć coraz to głębsze sensy tych samych zdarzeń.

Działa to na podobnej zasadzie co pisanie pamiętnika. Ale nie takiego, jakie miewają dziewczynki w podstawówce, zamykanego na kluczyk, z kolorowymi karteczkami, so sweet. Nikt nie ma dostępu do jej pamiętniczka, jest jej i tylko jej! Nikt nie może tam zaglądać. Ja mam to w dupie. Kiedy człowiek jest szczery, jego myśli są transparentne. Nie ma nic do ukrycia, nie ma się czego obawiać. Nie tworzy zasłon dymnych. Nie boi się panicznie odkrycia jego najbardziej mrocznych sekretów. Nie posługuje się fałszem. Interesuje go tylko prawda.

Piszcie pamiętniki. Piszcie autobiografie. Piszcie nawet najbardziej błahe rzeczy. Pisz: „Nie spodobało mi się to, jak Michał na mnie spojrzał. Coś było w tym jego spojrzeniu, co utkwiło w mojej pamięci. Dlaczego zapadło mi w pamięć? Czego się boję?". Pisz wszystko, co ci wpadnie do głowy, nawet jeśli wydaje się bez znaczenia. Spojrzysz na świat z innej perspektywy i łatwiej ci będzie zrozumieć samego siebie. Umysł będzie czysty, a ty pełen energii. Gdy już sobie tak zapiszesz wszystko z całego dnia, usiądź i przeczytaj przed snem. Zobaczysz, ile będziesz się w stanie nauczyć o sobie samym. Powodzenia!

Jeśli nie potrafisz pisać – twórz w inny sposób. Włóż w to swoje serce, swój gniew, frustrację, rozczarowanie, poczucie niesprawiedliwości. Niech ten ogień, który cię wypełnia, stanie się twórczy, niech będzie siłą napędową do twojej nowej pracy. Może to być muzyka. Może punk? Wyraź swój ból i sprzeciw wobec tego, co się dzieje. Narysuj swój stan emocjonalny. Napisz oprogramowanie, które będzie pomagać ludziom w podobnej sytuacji. Zrób coś twórczego dla innych. Kto wie, może właśnie ta pomoc nieznajomemu i nowe poczucie wspólnoty podniosą cię na duchu?